JN012714

エミネントグループ株式会社
代表取締役社長CEO

小野塚惠美 著
Emi Onozuka

サステナブル経営とサステナブル金融の接続

Connecting Corporate Sustainability and Sustainable Finance

一般社団法人 金融財政事情研究会

Prologue

近年、"サステナブル（持続可能性）"という言葉があらゆるところで話題となっています。多くの「専門家」たちも世界で繰り広げられるサステナビリティをめぐる議論を追いかけ、世界で統一された開示基準の理解に励み、日本での受入れ方や日本固有の問題を主張しようとします。では、そもそもなぜこのような状況になったのでしょうか。事業会社の経営でも、経済の血である資金を預かる金融業でも、サステナブルである必要性が十分に理解されていません。それゆえ、個別の議論が正しい方向へ進んでいると感じられないため腹落ちせず、目先の都合を議論するだけに陥りがちです。

いま起こっていることと本書の目的

　本書の目的は、サステナブル経営の理論と実践、サステナブル金融（以下「サステナブルファイナンス」という）のあり方を概観したうえで、サステナブル経営とサステナブルファイナンスを接続させる思考を展開し、そのうえで、価値創造の観点から未来への展望を描くことである。ここでは、本書でのサステナブル経営とサステナブルファイナンスを接続する試みにおいて、企業人が"サステナブル（持続可能性）"を「自分ごと」として腹落ちしていない、という点から議論を始める。

　まず、地球温暖化を中心とした環境破壊のおそれは、少なくとも1970年代の「ローマ・クラブ」[1]の議論ですでに顕著になっていた。しかし多くの企業人はこの問題を「自分ごと」として内部化できなかった。その後、新自由主義を標榜するミルトン・フリードマンが『選択の自由』[2]を著して広く受

1　ドネラ・H.メドウズ『成長の限界―ローマ・クラブ「人類の危機」レポート』（ダイヤモンド社、1972）

け入れられていった。企業人の感覚では、環境保護は（日本では1960年代から対応が始まっていた公害問題と同様に）国際機関や政府などが主体となって「規制」するものであって、企業活動の外部にあると想定される。フリードマンが述べるように、企業はそのような社会の要請に基づく規制のもとで、自由に行動し利益の最大化を目指す存在のはずであった。

では、なぜいま、環境破壊のような経済活動の「外部」とみなされたものが、企業や金融機関の業務のなかに取り込まれ内部化されなければならなくなったのか。産業革命以来、地球環境は外部性としてとらえられてきたが、規制のもとで自由活動し続けた個別の企業行動がマクロの環境問題へと発展してしまった。特に気候変動においては温室効果ガスによる影響が大きいという科学的根拠が発表されたが、各国が個別に法整備して導入するには時間がかかりすぎること、国際連合のような人類の持続的発展に向けた課題解決を目指す団体が民間による資金の流れを変えることが近道であるという発想（たとえば2006年に策定されたPRI：Principles for Responsible Investment）をもったことから、企業活動と投資家が自然資本というかたちで地球環境への配慮を内部化することになった。そうしなければ解決に間に合わないという危機意識が高まったのだ。

企業が対応する必要があるのであれば、金融業が対応する必要性は自明である。それまでの企業の社会的責任（CSR：Corporate Social Responsibility）というかたちで企業が主体となって社会へ責任を果たすという考えから、ESG（環境・社会・ガバナンス）として、企業のみならず機関投資家も企業行動を課題解決に対して動機づけ・モニタリングする仕組みが定着していった。この変化が広がると環境・社会的配慮のある企業にお金が集まり、消費者志向もまた配慮に向かい、企業業績にも影響を与えることになる。こうして、ESG配慮型企業への株式投資におけるパフォーマンス向上がみられる事例が増加している[3]。ここでは、ESGファンドと銘打つもののパフォーマン

2　M&R.フリードマン著／西山千明訳『選択の自由』（講談社、1983）

3　World Economic Forum "What is sustainable finance and how it is changing the world"（January 20, 2022）

スが一般的なベンチマーク（たとえばTOPIX）を上回るという単純な構図ではないことに注意が必要である。

　機関投資家の株式投資において広がったESGは、その後銀行セクターに波及し（PRB：Principles for Responsible Banking）、現在では投融資を含めたサステナブルファイナンスとなった。ESG関連の投資はサステナブル投資の一部という整理がされるようになった。サステナブルファイナンスの推進は、EUでは経済政策の一部として位置づけられており、さまざまな規制の導入によりここ数年加速化している。日本国内では、2021年1月から金融庁による有識者会議の設置をはじめとして本格的に検討、対応が始まっている。設立趣旨には「経済と環境の好循環」をあげ、国内外の成長資金が日本企業の高い技術力、潜在力に向かうよう、金融機関や金融資本市場が適切に機能を発揮することが重要であるとしている[4]。事業会社においても、サステナビリティ（環境や社会の持続可能性）は、自然資本をこれまで外部性というかたちで、所与のもの、あるいはコストゼロとしてとらえていたところから、内部化、あるいは資本の一部として企業が主体的に考える経営資本（IIRC（国際統合報告評議会）による6つの資本の1つ）としてとらえるべきという考え方が浸透してきた。また、市民社会においても、サステナブル消費の認知も高まっている。特に若い世代でのSDGsの認知、サステナビリティ選好は進んでおり[5]、サステナビリティを意識している企業への就職（エシカル就活）を志向する学生も増えているという[6]。

「サステナブル」であること

　上記のような経緯から、「サステナブル（であること）」がファイナンスと企業の両方に具体的な行動として求められるようになった。資金の出し手（機関投資家）による脱炭素企業の選好、銀行による石炭依存度の高い企業への投融資削減、各国の金融規制による開示の強化によって、金融機関は自身

4　金融庁「今後のサステナブルファイナンスの取組みについて」（2021年9月22日）
5　調査例として、OctoKnot「サステナブルファイナンスが目指す世界」（2021年8月13日）。
6　ハナコラボSDGsレポート「「エシカル就活」とは？　23歳の創業者・勝見仁泰さんが目指すもの」（2022年4月21日）

のポートフォリオをサステナブル色の強いものに転換し始めている。それを受けて、経営に環境、社会的責任への対応を盛り込み、サステナビリティ推進委員会を設置し、それを取締役会で監督するというESG対応は、上場企業にとって、もはや当たり前となっている。最近では、未上場会社においても、資金供給側（VCやアセット・オーナー）が投資前のデューデリジェンスにおいてESGに関する（特に脱炭素に向けた取組みや人材活用について）質問項目を設けているところも出てきた。

　そしていま、サステナブルの流れは加速している。一例をあげよう。ガバナンスの１つのかたちとして情報開示がある。これまで乱立していた基準を統一し、世界レベルで横比較ができる仕組みが整備された。2021年のCOP26で発表され、2022年８月にISSB（国際サステナビリティ基準審議会）が設立された。もともと米国発祥のサステナビリティ会計基準を策定するSASB（当時の米国サステナビリティ会計基準審議会）と統合思考を推進するIIRCによってできたVRF（バリュー・レポーティング財団）と、気候変動開示基準委員会（CDSB）がIFRS（国際財務報告基準）財団の傘下で統合され、ISSBとなった。ビルディングブロックアプローチという、企業のサステナビリティに関する開示のベースラインをグローバルで一致させ、地域特有な部分については調整するという発想が提唱されている。特に会計の視点を重視することから、企業における課題は中長期的に財務パフォーマンス（利益、資産や負債、資本コストなど）に影響を与えると考えられるシングルマテリアリティを考え方の基盤としている。一方で、サステナブルファイナンス発祥の欧州（大陸）では、事業環境の変化によって企業が受ける影響を測ると同時に、企業が社会に対して与える影響をも開示することを求めるダブルマテリアリティの発想が主流となっている。

　国内では、開示とそれに基づいた投資家との対話がクローズアップされるが、本書では、その手前、より核となる経営と地球、社会の持続可能性と経済の発展を実現するファイナンスの関係について検討する。それぞれを「サステナブル経営」「サステナブルファイナンス」と呼ぶ。これまで多くの本がそれぞれについて語ってきているのを認識しているが、地域の特異性（た

とえば日本であれば製造業が27％、そのうち自動車産業が19％を占める[7]）を念頭に、サステナブル経営とサステナブルファイナンスの接続をとらえたものは少ないと考える。

必要とされる「サステナブル」な経営とファイナンス

いま、世界で起こるサステナブル経営とサステナブルファイナンスの波に乗り遅れれば、遠い将来（たとえば2050年の脱炭素社会を目標とする社会）に競争力を失うだけでなく、近い将来、SDGsの目標年である2030年を境にさらに将来に向けて描かれる世界からすら取り残され、市民一人ひとりのウェルビーイングを追求する社会的、経済的基盤を失うことになろう。その過程で大きく影響を受け、また市民社会や地球環境へも正負の影響を及ぼす中核的存在となる経済主体としての企業経営者は、サステナブルファイナンスとの接点を起点に、適切な現状認識、対応と変革の遂行、取締役会におけるその監督において、熟考をしてほしい。思慮と執行のスピードは、企業の存続をも脅かすことを認識すべきである。

世界平和、人類の繁栄、資本主義を前提とすれば、2020年前半のこのタイミングで、経済の中核を担う企業、ファイナンス（直接・間接金融、私的・公的金融）を中心に議論し、最終的には政府・政策のあり方、学術界をはじめとする科学・技術革新の発展についても広く考えていきたい。

本書における章構成は以下のとおりである。まず、Chapter 1で、サステナブル経営、そこへのトランジションの方法としての「DX思考」、中核事例として武蔵精密工業と「層累的発展」について論じる。上場企業のサステナブル経営は慈善事業の正当化ではない。特に製造業では、サステナブル経営という経営者のスタンスが、社会の課題への高いアンテナで発展へのヒントをつかみ、さまざまな落とし穴を飛び越え、新技術導入などを通じて持続的な企業の収益環境をつくりだすだろう。ここでは電気自動車（EV）が産業構造を根底から揺るがす自動車産業での事例研究を示す。

7　総務省統計局「経済構造実態調査報告2020年」。自動車産業は輸送用機械器具製造業のみで、タイヤ、鉄鋼等素材、関連機械などを含んでいない。

Chapter 2では、サステナブル経営を支えるサステナブルファイナンスのあり方と最近の発展について紹介する。仮に、サステナブル経営が日本企業の稼ぐ力を高めていく規範性をもっているとすれば、その設備投資などへの資金供給が必要である。サステナブルな金融は、サステナブル経営と同じ志をもつことで、適切なコミュニケーションを通じて、適切かつ機動的に資金を供給できるだろう。

　Chapter 3は本書の中核であるが、サステナブル経営とサステナブルファイナンスの接続点について、インベストメント・チェーン、ガバナンスの仕組み、スチュワードシップ、その理論などを紹介し論じる。経営は経営学、資金調達はコーポレートファイナンス、証券投資はインベストメント理論、など細分されているようにみえるが、社会のなかで活動するorgan（器官）としての企業は、そのすべてが統合されて生き生きと活動しているはずだ。

　Chapter 4では、インパクト・ファイナンスの最近の発展の紹介と今後について論じる。インパクト経営やインパクト金融は、政府など公共団体とのリンクが強まるものであろう。一方で、PRIが国連の枠組みから生まれた民間部門の活動のプラットフォームであるように、環境や社会課題にインパクトをもつ民間部門の役割は大きくなるに違いない。

　Chapter 5では、これからのサステナブル経営とファイナンスの発展のための政府やその他の主体の役割、言い換えると、科学技術の発展とそのためのサステナブルファイナンスの役割を論じ、われわれが起こすべきムーブメントを提案する。

　われわれは、日本や世界で起こりつつあることを学ぶこと自体を目的にしたくない。筆者は、日本企業がより活性化し、かかわる人々が世界をよりよくするために行動することを目的とし、そのためのツールとして知識を身につけることを期待する。本書がその一助となることを祈る。

2023年6月

小野塚　惠美

【著者略歴】

小野塚　惠美（おのづか　えみ）

エミネントグループ株式会社代表取締役社長CEO
JPモルガン（1998-2000）、ゴールドマン・サックス・アセット・マネジメント（2000-2020）、カタリスト投資顧問取締役副社長COO（2020-2022）を経て現職。うち20年以上資産運用に携わり、過去10年ESG／サステナビリティを専門とする。機関投資家として、ESGリサーチ、企業との対話を年間200件以上実施。「ESGの女神」のニックネームは投資信託の販売会社に名付けてもらい、現在は、サステナブルファイナンスと企業の価値創造に関するアドバイザリー、研究、執筆、講演など幅広く活動。
金融庁サステナブルファイナンス有識者会議委員、経済産業省非財務情報の開示指針研究会メンバー、内閣府知財投資・活用戦略の有効な開示及びガバナンスに関する検討会メンバー、一般社団法人科学と金融による未来創造イニシアティブ代表理事、武蔵精密工業取締役（報酬委員会委員長）、大和アセットマネジメント取締役。東京理科大学大学院経営学研究科技術経営専攻（MOT）修了。共訳に、『社会を変えるインパクト投資』（同文舘出版）、『サステナブルファイナンス原論』（金融財政事情研究会）。証券アナリストジャーナル等多数の論文掲載。

本のカバーにはコーポレートカラーであるマゼンタを使っています。イタリアの地名マゼンタに由来し、ナイチンゲールを象徴する色、女神のような慈愛のエネルギーをもった色といわれています。その鮮やかな赤紫は色の三原色の1つで、他の色と混ぜることで広がりをもちます。エミネントグループはEminent Group of People、すなわちその分野に卓越した（eminentな）方々とともに、「エンパワメント」「エンハンスメント」「エンドースメント」をキーワードに明るい未来に向かって共創し続けることをパーパスとしています。多様で異なる分野の統合的発想による価値創造こそ、いま、求められる課題解決のかたちであり、当社はそれを実現する「エン（縁）」を大切にしていきます。

Contents

Prologue

Chapter 3

サステナブル経営とサステナブルファイナンスの接続 …… 101

Chapter 4

経営と金融のサステナブルな価値共創 …………………………………………… 133

Appendix　サステナビリティと企業価値（サーベイ） …………………………………………… 156

Chapter 5　サステナブル経営とサステナブルファイナンスの実質化に向けて ……… 173

Epilogue ……………………………………………………………………… 191

Chapter 1

サステナブル経営

私は長らく機関投資家として企業と対話をしてきました。投資家は、カーボン・ニュートラルなど国際社会の要請に起因する産業構造の転換に注目し、企業の経営者も世界の変化のスピードを経営環境の「地殻変動」としてとらえています。まずは、サステナブルな社会を構築するうえで、企業に期待されることを、経営の観点から確認していきましょう。

1.1 | サステナブル経営とは

　サステナブルな社会をつくるとの社会・政策の要請と、日本企業が総じて利益率が低いとの指摘（いわゆる「伊藤レポート」[1]）と改善の社会的要請は、一見矛盾するようにみえる。これら2つの目的を同時に追求する経営がサステナブル経営である。一見矛盾する2つの課題は、実はサステナブル経営において相互に好影響を与えることが期待される。

　本書において、サステナブル経営とは「株主（企業のオーナー）をはじめとするステークホルダーに価値を提供しながら持続可能な社会への貢献を目指す経営」と定義する。「株主をはじめとする」という記述によってもわかるとおり、企業が持続可能であるためには、事業リスクに応じて適切な程度に売上げや利益が生み出されることが期待されている。

1.2 | サステナブル経営の位置づけ

　企業の事業が長期的に維持される可能性は、所属する社会の持続的な成長に依存する。社会の持続性のためのニーズを満たす財やサービスの提供先を顧客とすることが、企業にとって不可欠な戦略となるはずだ。また、主要なステークホルダーである従業員や取引先が、健康・人権などについてよい状況にあり、家族・友人や他の経済主体とも適切に関係をもっていることも、企業の持続性のために必要である。それゆえサステナブル経営は、社会課題や環境問題、それらにかかわる政策の方向性など、その時代の動きや地域へのアンテナを立て、自身の描く未来からバックキャスティングして自らの事業領域（ドメイン）を不断に再構築するというプロセスをたどることになるはずだ。

1　経済産業省「持続的成長への競争力とインセンティブ〜企業と投資家の望ましい関係構築〜」プロジェクト（伊藤レポート）最終報告、2014年8月

株主は企業に対し、ステークホルダーに価値を提供しながら持続可能な社会への貢献を目指す経営を実現するために、企業のパーパス（存在意義、経営方針）へのコミットメントとガバナンスの実質性を期待する。具体的に株主がサステナビリティのガバナンスの観点として企業に期待している内容は以下のとおりである。

1　事業活動における持続的なキャッシュフロー創出能力のための経営戦略、事業ポートフォリオ／事業戦略、資本コストを意識したコーポレートファイナンス
2　革新的なサービスや商品の提供、ステークホルダーへ価値の提供が実現できる魅力的な職場、サプライチェーンの持続性向上
3　持続的な社会への貢献としての自然環境との調和、社会規範・法律の順守
など

　サステナブル経営のインプットは、環境問題・社会課題、SDGsに代表される国際社会から企業への要請であり、プロセスは、各企業の経営資源（各種資本）・得意分野などを自身の描く未来に投影して、未来の収益基盤を見据えた事業領域における価値創造モデルの再構築をすることになろう。これをグランドデザインと呼ぶ（詳細は1.6）。そしてアウトプットは、革新的なサービスや商品による売上成長、事業活動の成功による持続的なキャッシュフローの創出とその期待の継続で、その成果（アウトカム）は、ステークホルダーへ価値を提供すること、その影響（インパクト）として自然や社会の持続可能性との調和に貢献することを含む。

　一方で、サステナブル経営を定義するのではなく、経営戦略にサステナビリティ思考を取り込む提案もある。加藤晃教授によると[2]、まずサステナビリティを「企業経営全般にとっての持続可能性」と絞り込んだうえで、非財

2　北川哲雄＝佐藤淑子＝松田千恵子＝加藤晃『サステナブル経営と資本市場』第9章〔加藤〕（日本経済新聞出版社、2019）

務情報などESGに関する開示基準を設定するSASB（Sustainability Accounting Standards Board：サステナビリティ会計基準審議会）が示す経営戦略策定と実行における応用可能性を考察している。

　加藤教授は、日本のビジネスの現場で経営戦略の策定と実行がしばしば困難に陥ることを背景に、SASBの指摘（長期にわたって価値を創造する能力に

| インプット | 環境問題・社会課題など（SDGsなどを含む）、競合他社の動向、資本市場のプロフェッショナルが業種・事業のポイントだと考えるトピックス、経営指標、など |

| プロセス | ① 適切な経営指標を識別する
② 集まったデータから知識を発展させる
③ その発見（findings）に基づき戦略を巧みにつくりあげる（craft）
①と②は、ダイナミックに変化するサステナビリティ課題の企業価値への影響度の把握を含むだろう
③craftは、各企業の経営資源（6つの資本）・得意分野など、未来に投影、いま・ここでの事業領域のポートフォリオ、ステークホルダーとの共創、未来の収益基盤となる事業領域の不断の再構築、などがある |

| アウトプット | 革新的なサービスや商品による売上成長、事業活動の成功による持続的なキャッシュフローの創出とその期待の継続（資本コストの低下） |

| アウトカム | 従業員にとって魅力的な職場、サプライチェーンの持続性向上、イノベーションを生み出す力の向上 |

| インパクト | 自然や社会の持続性との調和に貢献（サステナビリティ課題対応でポジティブインパクトを創出）、企業価値創造に関連するESG課題や経済・環境・人へのインパクト（広義のサステナビリティ課題）についての発信による波及効果 |

図表 1 − 1 ▶ サステナブル経営の意思決定からインパクトまでの流れ
出所：北川・佐藤・松田・加藤（2019）（脚注 2 ）、CDP, CDSB, GRI, IIRC and SASB（2020）などを参考に筆者作成

影響を与える財務的・非財務的な資本を巧みに管理することによって、企業業績を向上させる「持続可能なビジネス戦略」を創造する）に整合する開示と、「真っ当な投資家との高質な対話」とを経営戦略に当てはめることを提案する。そのプロセスは、①適切な経営指標を識別する、②集まったデータから知識を発展させる、③その発見（findings）に基づき戦略を巧みにつくりあげる（craft）、からなる。

さらに、前述の加藤教授は「SASBアプローチを活用することによって、経営戦略の策定段階において、資本市場のプロフェッショナルが業種・事業のポイントだと考えるトピックス、経営指標を踏まえた経営戦略を策定できる可能性がある」「外部の知見を戦略策定に活用しない手はない」「真っ当な投資家との高質な対話だけが経営戦略の策定に寄与すると考えられる」と述べる。つまり、それまでの経営戦略のPDCAサイクルのチェック（C）と分析（A）に投資家との対話の成果を取り込み（インプット）、戦略の次のフェーズの策定（P）に生かすことがSASBアプローチを活用する経営戦略において重要である。

ここまでの考察をもとに、「サステナブル経営」の意思決定からインパクトまでの流れをまとめる（図表1-1）。

1.3 企業価値とサステナブル経営

本書の事例で扱う上場企業、具体的に自動車業界の企業群は、インパクト優先の市場並の財務リターンを期待された企業ではない。従来型の上場企業が長期思考経営を取り入れサステナブル経営の意思決定フロー（図表1-1）を実行すれば、革新的なサービスや商品が開発され、顕著な成長や事業の持続性を追求すると同時に、自然や社会への持続性にも貢献することが可能になると想定する。インパクトを優先して設立された企業とは（現時点では）異なる。

本書では、企業価値を、財務的価値と非財務的価値（非財務すなわち人的

図表 1 - 2 ▶ 企業価値
出所：筆者作成

資本、知的資本、社会・関係資本の増強と自然資本への対応とその時代や地域の目指す方向性に沿った経営への期待）の和、と位置づける（図表 1 - 2）。サステナブル経営の価値を経済・社会・環境への価値とみること（SF2.0）も多いが、本書では、社会や環境への配慮が売上げ増やリスク低減を通じて企業自身の持続可能性、すなわち企業価値と株主価値の持続的増大を目指す経営がサステナブル経営であると考える。

1.4 財務的価値と非財務的価値

1.4.1 企業価値の考え方

プロローグで述べた背景からサステナブル経営が求められるなかで、ROE等の既存事業の現状の（ノーマル状態での）利益とオーガニックな成長を適切な事業リスクで評価した「経済的・財務的価値」に対して、（完全市場想定での）PBR、PERの付加的プレミアムにより形成される株式時価総額の拡張は、いわゆる「非財務的価値」によるものと想定される。この非財務的価値には、現在の知的資産、人材や組織力などの財務指標に現れない無形資産と、いまはみえていない新規事業の生み出す将来のキャッシュフロー創

出能力等が含まれる。昨今においてESG投資等の視点が重視されることにより、サステナブル経営の評価も非財務的価値に加味されていることが推定される。すなわち、現時点での社会や地域の目指す方向性に沿った経営の評価と期待が、将来成長率予想の上昇あるいはリスク・プレミアムの低下を通じて、株式価値として増大する可能性を意味する。

　そこで、企業価値を知ろうとする株式投資家は、既存事業を打破して経営改革を行うというサステナブル経営を実践している企業に注目する。その際、組織的価値の向上に向けて6つの資本（財務資本、製造資本、知的資本、人的資本、社会・関係資本、自然資本）の活用（国際統合報告評議会（IIRC）[3]）について分析する（図表1－3）。伝統的な会計・開示や財務分析において、この6つの資本のうち財務資本と製造資本以外は「非財務」に分類される。財務および製造資本はこれまでの活動の結果として企業内に蓄積され、財務諸表にも記載されている資本と考えられるが、知的資本、社会・関係資本はそれぞれの企業におけるノウハウや顧客との関係が今後のキャッシュフローの創出を伴う価値創造の源泉となる一方、まだ目に見えないかたちで企業内

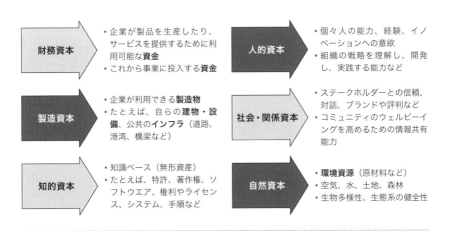

図表1－3 ▶ 6つの資本
出所：IIRC（国際統合報告評議会）を参考に筆者作成

3　国際統合報告評議会（IIRC）「国際統合報告フレームワーク」英語版、2013年12月

に存在する。また、自然資本に至ってはこれまで外部性としてとらえられ、企業は意識的、能動的に管理してこなかった資本であり、外部性の内部化ともいえる。言い換えると、自然資本が自らの行動で毀損されれば、その企業自らの利益や成長の持続性も失われることになる。このように考えれば、既存事業の利益率向上と社会課題の解決への事業領域改革は、一見矛盾する方向にみえて、相互に好影響を与えることを示していることがわかる。

1.4.2　フローとしての価値とストックとしての価値

ただし、「価値」という言葉の意味に注意が必要である。『サステナブルファイナンス原論』[4]は、「財務的価値創造」というときに、「財務的価値」（たとえば同書39、66頁）をフローの意味で使っていると思われる。簡単にいえば、ここでの財務的価値とは、企業のノーマルな状態での年度当りの利益やキャッシュフローをイメージしている。それが明確になるのは、シナリオ分析において、割引キャッシュフローモデル（キャッシュフローは財務的価値に違いない）を使う場合、「過去のデータに基づく予測モデルは、仮に外部性が内部化された場合（すなわち、セテリス・パリブスでない場合）、将来の混乱を過小評価することになる」（同書80、81頁）と述べている。セテリス・パリブスとは、「他の条件が一定ならば」の意味である。

仮に社会的価値や環境的価値が現時点ではコスト（マイナスの価値）で、統合的価値（財務、社会、環境的価値の総和）を増やすためにフローの財務的価値を犠牲にすることがあるとしても、株式投資家が考える企業価値は毀損しないと考えるべきだ。ストックとしての、つまり将来のキャッシュフローすべての現在価値の和としての企業価値は、割引キャッシュフローモデルのシナリオ分析と同じで、長期的な将来のフローの財務的価値が社会、環境的価値のマイナスを減らすことで最大になると考えるからである。つまり、株式投資家が考える企業価値は、環境・社会的価値のマイナスを緩和するための短期的な財務的価値の減少によって低下するとは限らないし、多くの場

4　ディアーク・シューメイカー＝ウィアラム・シュローモーダ著／加藤晃監訳『サステナブルファイナンス原論』（金融財政事情研究会、2020）

合、増加すると考える。

1.4.3 「外部不経済の内部化による企業価値＝株主価値」 の規範性

　企業価値を株主価値とは別のものと考え、企業価値を株主価値と社会に与えたインパクト価値の和であるとすることもできる。この場合の企業価値の最大化とそれに伴う株主価値は（仮にその世界で最大化されているとしても）、伝統的ファイナンスが想定する最大値よりも低い可能性がある。もしそうであれば、伝統的ファイナンスが負の外部性の内部化を計算に入れておらず、「将来の混乱を過小評価」していたにすぎない部分が大きいとみている。このような研究は今後さらに進展すると期待される[5]。筆者は、長期的にも株主の価値よりも社会的インパクトを増やす会社は、いわゆるインパクト企業にセグメント化され、既存の事業会社は、社会の価値観や制度・法律など図表1－2で示される「コンテクスト」や図表1－3の「自然資本」などを考慮しながら、競争的に経営することになる、とみている。この意味で、本書では、企業価値と長期的な株主価値をひとまず同じとしておく。

　東京大学の田中亘教授によれば[6]、会社法制における「株主主権」を変えずともサステナブル経営と両立する可能性がある。まず、サステナブル経営と株主主権の関係のシナリオは３つあり、①サステナブル経営は株主の利益にかなう（この利益とは経済的利益のことで精神的利益は含まない）、②株主の利益にはかなわないが、（多数の）株主の意思にはかなう、③株主の利益にも意思にもかなわないが、社会全体の利益にはかなう、である。

　①は従来の考えで、②は実はこれまで会社法の議論で考慮されてきていないが、「意思に応じることは株主主権の原則にかなう」とみることはできるの

5　たとえば、Zerbib；Olivier David, "A Sustainable Capital Asset Pricing Model（S-CAPM）：Evidence from Environmental Integration and Sin Stock Exclusion", Proceedings of Paris December 2020 Finance Meeting EUROFIDAI - ESSEC, Last revised：May 2, 2022（SSRN）などを参照。
6　田中亘「株主主権下のサステナブル経営」加藤晃＝野村資本研究所サスティナブルファイナンス3.0研究会編著『新キャピタリズム時代の企業と金融資本市場『変革』：「サステナビリティ」と「インパクト」への途』第3章（金融財政事情研究会、2022）

で、両立すると「いえるのではないか」とする。③はさすがに、株主主権とは対立するとみられる。社会全体の利益を最大化する目的は、②とも違うと解釈すべきで、そうであれば「株主主権の原則は修正を求められることになる」だろう。

　しかし、田中教授は、先進国では投資の機関化が進むことで「株主主権が実質化していくのと同時並行的に、株主が企業に対し、サステナブル経営をかつてないほど強く要求するという現象が起きている」ことに依拠して、「株主主権下のサステナブル経営」が現実になりつつあると主張している。たとえば、世界大手の資産運用会社ブラックロックのラリー・フィンク社長の投資先への手紙などを通じて「株主総会の議決権という、株主に与えられたコントロール権を利用して、企業に対し、サステナブル経営に関する自らの要求を実行するように迫っている」ことからもわかる[7]。

　田中教授は、「上場会社が将来もたらす利益や不利益が、投資家の予測を通じて現在の市場株価に反映されるために、現在の株主の利益や不利益ともなる、ということは、上場株式制度の重要な、しかし一般には十分に認識されていない利点であると考える」としている[8]。これは本書が、サステナブル投資がメインストリームとなるとみなすとともに、サステナブル経営の進展のために「真っ当な投資家」が必要となると主張していることと整合的である。なぜ真っ当な投資家が必要かというと、サステナブルファイナンスにおける企業分析とエンゲージメントにつながるからである。『サステナブルファイナンス原論』[9]でも投資家の役割を強調しているが、投資家の意識の変革が進むことと機関化を前提とすれば、同書で乗り越えるべきと扱われる株主主権（株主至上主義などとも訳される）も、実はサステナブル経営を支援するものとなる。

　さらに、この考え方は、田中教授の3つのシナリオのどれであれ、株主価値と企業価値が基本的には同じと考えることを正当化するだろう。株主価値

7　前掲注6
8　前掲注6
9　前掲注4

は、その企業の努力による外部不経済の内部化を、売上げや利益の増大、コストやリスクの低下を通じて含むはずである。

　厳密には、社会に与える正のインパクトをすべて株主価値に包括することはできない。医薬品メーカーが患者の回復に貢献し、それが売上げにつながるとしても、患者の家族の喜びや幸せを株主の価値に計上することはない。企業価値にそのような価値を含めることは可能かもしれないが、そうすれば家族数の多い患者から救うことが規範となるのだろうか。筆者は、企業価値が株主価値と異なると主張することが会社経営の行動規範の混乱につながることをおそれている。一方この主張は、投資家、他の資金提供者（たとえば銀行）、事業会社の経営者など立場によって異なる場面があることを否定しない。その認識の擦り合わせに対話というアプローチが有効であると考える。

1.5 ｜ サステナブル経営へのトランジション

　日本の製造業が、グローバルな競争環境のなかで地位を再構築し、持続的に高い利益率を維持するためには、サステナブル経営を基礎とした事業ポートフォリオの見直しを進めることが望ましい。その過程には、事業そのもののアウトプット（製品やサービス）の持続性を高め、社会が求める環境・社会課題の解決を担いアウトカム（社会へ与えるポジティブな影響）を提供することが期待されている。

　日本の製造業における課題は大きく2つある。1つは、生産性の低さで、もう1つは過去の成功体験からくる発想、経営、プロセスにおける大転換（トランスフォーメーション）の欠如である。では、それらへの処方箋は何か。1つの側面として、デジタルトランスフォーメーション（DX）が重要となることは間違いない。製造業が現状の事業ポートフォリオを再構築しようとすれば、人工知能などの新技術が生産プロセスの効率改善にとどまらず、新しい事業への飛躍的展開を導くからである。製品の販売からソフトウ

エアの影響などの事業への進化、さらには製造工程そのものの提供といった
サービス業への業態変化など、その飛躍の方向・指針がサステナブル経営に
よって与えられるといえる。

　経営者が自社のもつ強みと利用可能な6つの資本をともに理解し、DXの
機会を見出して事業ポートフォリオの改革を進めれば、より利益率の高い
サービスや製品の提供というアウトプットと自然資本への好影響などのアウ
トカムを両立しながら、日本経済の競争力回復に貢献できるであろう。

　本Chapterでは、製造業がサステナブル経営において事業ポートフォトリ
オの見直しを進める鍵としての「DX思考」を提示し、サステナブル経営へ
のトランスフォーメーション（経営改革）で陥りやすい罠を乗り越える方法
を提案する。罠に陥ると改革自体が遂行されない、そこまでの変革の効果が
低減する、利害関係者（ステークホルダー）からの信頼を失うなど、改革に
よる効果が十分に得られず、場合によっては真逆の結果となる。

　ここまでの議論を経たうえで、日本の製造業が企業価値を向上させる処方
箋として、「サステナブル経営に向けての改革が成功する企業は、経営改革
の陥りやすい罠を『DX思考』によって乗り越えている」はずであるとの仮
説を立てて、本節から1.10のケーススタディまでを通じて説明していく。

　まず、1.6で問題整理の枠組みを示し、1.7で経営改革の陥りやすい罠を列
挙する。1.8では、「DX思考」とそれを構成する9つのキーファクターを整
理し、1.9で具体的に事業ポートフォリオの改革を企業の層累的発展として
モデル化し、最後に1.10の事例研究として武蔵精密工業での実際の取組みに
当てはめ、レビューする。いま、EV化に大きく舵を切らざるをえない自動
車産業を事例とすることで、サステナブル経営のなかに日本企業の可能性
と、現状維持を打破し経営改革を通じて、企業価値を高める可能性を見出す
ことができることを示す。

1.6 問題整理の枠組み：ビジネスモデル・トランスフォーメーションとDXの価値創造の考え方

これまでのところ、株式投資の現場からみると、日本の製造業の多くは外部から求められる環境課題解決への貢献や社会課題への対応にアンテナを十分に張っていないか、ステークホルダーの理解を十分に促していない、事業領域の変更など経営改革を行わなければならないという危機感が不足している、あっても具体的に進めているとは言いがたい状況にある。そこで、本節では、経営改革とその方法としてのDXで陥りやすい罠を先行研究がどのように一般化したかを確認する。

まず、問題整理の枠組みとして、Linz、Muller-Stewens、Zimmermannの研究をあげる。この研究[10]は、顧客への価値提供（Value Delivery）、社内の仕組みづくり（Value Creation）、マネタイズの仕組み（Value Capture）を整理し、経営を見直すことが有効であるとしている。Linzらによれば経営改革のなかでも、Radical Business Model Transformation、つまり事業ポートフォリオ改革では、IT技術を活用するだけではなく、ステークホルダーのオーケストレーションが重要となるとしている。たとえば、新技術で製造工程を変えれば、従業員については人材配置や教育が変わってくる。また、技術の活用が可能となる理由は、外部でAIなどが開発され使えるようになったからであり、外部の技術情報などを認識する力も重要となる。さらに、内製化にとらわれず協業などで外部と接する能力も問われ、既存の取引先のみならず、幅広く技術の所在を知るアンテナが必要である。

本書では、自動車産業を事例として、サステナブル経営のなかに日本企業の可能性と、現状維持を打破し経営改革を通じて、企業価値を高める可能性を見出すことができることを検証する。陥りやすい罠として、経営トップのコミットメント不足、ステークホルダーの期待の理解あるいは関係構築不

10　Linz, Muller-Stewens, Zimmermann, "Radical Business Model Transformation：How Leading Organizations Have Successfully Adapted to Disruption", Kogan Page, 2022

足、危機感の不足、DXの理解の低さを先行研究から見出し、そのうえで筆者独自の視点として、「グランドデザインの欠如」をあげる。

続いて、DXに関する先行研究に目を向けると、まずRogers[11]がDXにおいて大きく変化する5つの領域（顧客、競合、データ、革新、価値）をあげている。さらに辻真典氏の研究[12]は、Rogersがあげた5つの領域に「DX推進に影響を与える企業マインドセットの因子」（顧客視点、前倒しのビジネスモデルの進化、次世代の事業の創出）を接続させて分析の枠組みを提供している。

これらをまとめると、DXの価値創造においては、①AIを導入し人材を新規事業に配置転換（新規事業）、②自社製造ライン向けシステムの外販（業態転換）、③DXの6つのステップ[13]、④Rogersの5つの領域、⑤DXの表層的整備が業績改善につながること[14]、を考慮することが適切であるといえる。製造業のAI導入による競争優位獲得についての近藤信一氏の研究[15]は、武蔵精密工業を好ましい事例としてあげており、本書1.9での結論と重なる。

一方、経営改革の罠に陥らないための条件として、先行研究では、①経営者のリーダーシップ[16]、②人間に依存することなく、質の高いデータや技能、人材等の暗黙知等の属人的な知見を体系化・形式化してデジタルデータとして資産としていく力、新たな現場力[17]、③研究開発を支える経営[18]などが指摘されている。

11　Rogers, The Digital Transformation Playbook, Columbia Business School Publishing, 2016

12　辻真典「デジタル・トランスフォーメーション推進のための企業マインドセットに関する探索的研究：顧客、情報、革新、価値の領域を中心として」JAIST年次学術大会講演要旨集（2019）

13　Albukhitan, "Developing Digital Transformation Strategy for Manufacturing," Procedia Computer Science, Vol. 170（2020）

14　Westerman, G., C. Calméjane, D. Bonnet, P. Ferraris, and A. McAfee, "Digital Transformation：A Road-Map for Billion-Dollar Organizations," Capgemini Consulting & MIT Center for Digital Business, Paris & Cambridge, MA, November 2011

15　近藤信一「製造業のものづくり現場におけるAIの導入・利活用による新たな競争優位の獲得」表面技術71巻7号（2020）432〜441頁

16　多田明弘「我が国製造業に対する危機感と期待―デジタル・トランスフォーメーションの中で―」開発工学38巻2号（2019）123〜128頁

17　前掲注16

18　河合美香＝那須清吾＝豊田裕貴「日本企業のデジタルトランスフォーメーションの質的比較分析による研究」グローバルビジネスジャーナル3巻1号（2017）21〜31頁

さらに、DXの観点からの陥りやすい罠にかかわる先行研究・事例として、①DXというチャンスと日本企業の失敗例[19、20]、②DXの失敗の２つの罠：new technologyを追うlack of global goals、③株式会社への要請への対応（関係者への説明）：社会貢献と企業利益、株主対話との対立懸念[21、22]という誤解に基づく経営行動、④ムラ社会（同業他社、系列、地域）の視野の狭さと環境重視への移行など変化への理解の対立[23]、⑤大企業中心の開発における問題[24]、⑥DXの罠：経営課題とデジタル技術を結びつけられない（事例：ロールスロイス[25]）、などがある。

1.7 経営改革の陥りやすいわなとグランドデザインの欠如

まず、これまでの先行研究から、経営改革の陥りやすい罠を整理する。経営トップのコミットメント不足、ステークホルダーの期待の理解あるいは関係構築の不足、危機感の不足、DXの理解の低さ、改革はジャーニー（道のり）であることの認識不足、を先行研究から見出し、そのうえで筆者独自の視点として、グランドデザインの欠如をあげる。グランドデザインは、多田明弘氏[26]が「デザイン、ビッグピクチャー」と表現したものを、ESG投資に関与してきた筆者の視点で、経営のパーパス、ビジョン、ミッションの文脈に拡張したものである。

19　前掲注16
20　市川類「何故、日本のデジタルイノベーションは遅れているのか：デジタルイノベーションシステムの比較制度分析からみた日本企業・政府の構造的課題」一橋大学イノベーション研究センターワーキングペーパー　#20-16, 2020
21　Strebel, Cossin, Khan, "How to Reconcile Your Shareholders With Other Stakeholders," MIT Sloan Management Review；Cambridge61巻４号（Summer 2020）：１－８
22　加藤晃「サステナブルファイナンスをめぐる規格化の動き―その意義と問題点―」証券アナリストジャーナル59巻２号（2021）17～26頁
23　Kieran Gane, "Digital Transformation Execution in Japan," Transforming Japanese Business, Rising to the Digital Challenge, pp. 31-44, Springer；1st ed., 2020
24　Ina M. Sebastian, Jeanne W. Ross, Cynthia Beath, Martin Mocker, Kate G. Moloney, Nils O. Fonstad, "How big old companies navigate digital transformation," MIS Quarterly Executive, September 2017
25　前掲注10
26　前掲注16

① 経営トップのコミットメント不足

号令をかけるもそのあとの推進の仕組みをつくらないケースである。経営戦略部門による主導があるならばうまくいく場合もあると思われる。業務部門がリーダーシップをとって、専門チームがあり、評価軸をもつと83％の確率でPoC（Proof of Concept：概念実証）までは進むとされる（DXというチャンスと日本企業の失敗例について参照[27]）。大企業であれば、経営トップに加えて、変革推進チームが20〜50人まで増員される必要がある[28]との指摘もなされている。

② グランドデザインの欠如

10年超の未来を見据えて、経営者が自社の目指す方向を指し示すことを怠るケースである。長年ESG投資に関与してきた経験から、経営側にグランドデザインを描くことが欠如すると経営改革はうまくいかないと感じており、これは筆者独自の視点である。経営者に期待されるのは、現在取り組む事業の環境変化のスピードや方向性の認識に加えて、自社を取り巻く物事（環境、地政学、人口動態、経済、風俗、宇宙など）がどのようになるかを思い描き、自社の強みとの掛け算で進む方向を構想する能力である。デザイン（構想）力においてBig Picture（大きな絵）を描くことの重要性が指摘されている[29]。これは未来予測を精緻化することではない。未来を予測することは究極的には不可能だからだ。そのかわり、グランドデザインとは、現在取得可能なデータや科学的根拠に基づき考え練られた経営の意思である。それを具現化するために、存在意義（パーパス）を定義し、ありたい姿（ビジョン）をもって、事業領域、内容（ミッション）を策定する。その過程では、現経営陣の考え、経験値を生かすと同時に、これからを担う次世代、次々世代も含めた入念な議論、必要となる企業文化への変革、実行に向けた助言・監督を担うガバナンスの拡充、ステークホルダーとの対話を実行していく。「グランドデザインの欠如」は6つの罠のなかで最も深刻ともいえ、逆を返せば

27　前掲注18および20参照。

28　John P. Kotter, "Leading Change：Why Transformation Efforts Fail," Harvard Business Review, May-June 1995

29　前掲注16

罠を乗り越える際にほかの5つの罠への対策を結びつける要の位置づけにあるのがグランドデザインである。

③　ステークホルダーの期待の理解あるいは関係構築不足

②の全体像を示し、それに伴う社内外へのコミュニケーションは経営トップ自ら行うべきであるが、それがされない場合は経営改革の意義がよく理解されず改革自体が成功しないか、情報の非対称性から社外からの過小評価や誤解につながり企業価値向上を妨げる[30]。また「バリューファシリテーターをレバレッジする意識が重要」であることの理解がないケースである[31]。資本市場から高い評価を受ける経営者の話を参考にすれば、自分の時間の2割程度を投資家との対話に充てているという。それは自社の取組みや方向性がひとりよがりにならない予防策であり、適切な理解と賛同を得るために重要だからだそうだ。

④　危機感の不足

困っていないから取り組まない、経営改革は困ってからやるものという固定概念を乗り越えられない、「変革は喫緊の経営課題である」という認識を社員に植えつけられないというケースである。先行研究によれば経営幹部の75％以上の危機感が必要[32]との指摘がある。日本の上場企業の課題としてよく指摘される低ROE、低PBRについても、現事業からのキャッシュフローがしばらくの間継続することが見込まれる場合、これまでの複数の経営者との対話からの印象では、まだ時間はあると安住しているケースも少なくない。むしろキャッシュフローがある現在が大きな改革にとりかかるタイミングである。

⑤　DXの理解の低さ

IT投資は改善である、ITを使った改革の経験不足、CIO不在で、IT投資をROIで測らない（経営戦略の一部ではないとの誤解[33]）、などのケースであ

30　Satish Nambisan, Mike Wright and Maryann Feldman, "The digital transformation of innovation and entrepreneurship：Progress, challenges and key themes," Research Policy, Vol. 48, Issue 8 (2019)
31　小野塚惠美＝貝沼直之「ESG開示からみる統合報告書のあり方」証券アナリストジャーナル、2021年11月号
32　前掲注28

る。デジタルトランスフォーメーションという名のとおり、過去からの積上げの延長にないことに挑戦し、そのリスクを経営判断としてとることを期待されていることを忘れてはならない。

⑥ 改革はジャーニー（道のり）であることの認識不足

Whyが問いきれていないことが原因とみられ、次世代の経営陣や取締役会が十分に理解して変革を続ける取組みが不足してしまい、結果として、PoCで止まる、顧客満足度調査の公表があるものの早すぎる勝利宣言、社内の改革推進派と反対派というステークホルダーのダイナミズムの見誤りなど、実務的な問題に陥る[34]ケースがある。このことから、経営者は、より大きな問題に立ち向かい、充分な時間をかけて取り組む忍耐力が必要だ。また、複数の経営者の任期をつないで取り組む大がかりな改革には、指名委員会の理解と意識的なサクセッションプランニングが鍵を握る。

1.8 「DX思考」とそれを構成する9つのファクター

企業が経営改革において陥りやすい罠を乗り越えるには「DX思考」が必要である。

経済産業省は、DXを「企業がビジネス環境の激しい変化に対応し、データとデジタル技術を活用して、顧客や社会のニーズを基に、製品やサービス、ビジネスモデルを変革するとともに、業務そのものや、組織、プロセス、企業文化・風土を変革し、競争上の優位性を確立すること」と定義している[35]。経営戦略の観点からのDXは、作業プロセスのデジタル化と異なり、事業内容や利益の源泉を変革していくことである。

「DX思考」とは、デジタル技術も含めた経営変革のベースにあるもので、⑴価値創造（モノづくりと社内の仕組みづくり）：企業文化（②リスク許容

33　前掲注18
34　前掲注28
35　経済産業省「DX　推進ガイドライン」2018年12月

度、③外向き志向、④多様性）、製造プロセス側面（⑤データ、⑥革新）、⑵顧客への価値提供：⑦顧客、⑧競合、⑶価値転換：⑨マネタイズの仕組みで構成されている[36]。これに「①ガバナンス」という筆者独自の視点を加えた9つの要素で構成されるものを本書の「DX思考」と定義する（図表1－4）。ガバナンスとは経営者を監督し、長期的な企業の方向性を決定する取締役会が機能することを意味する。

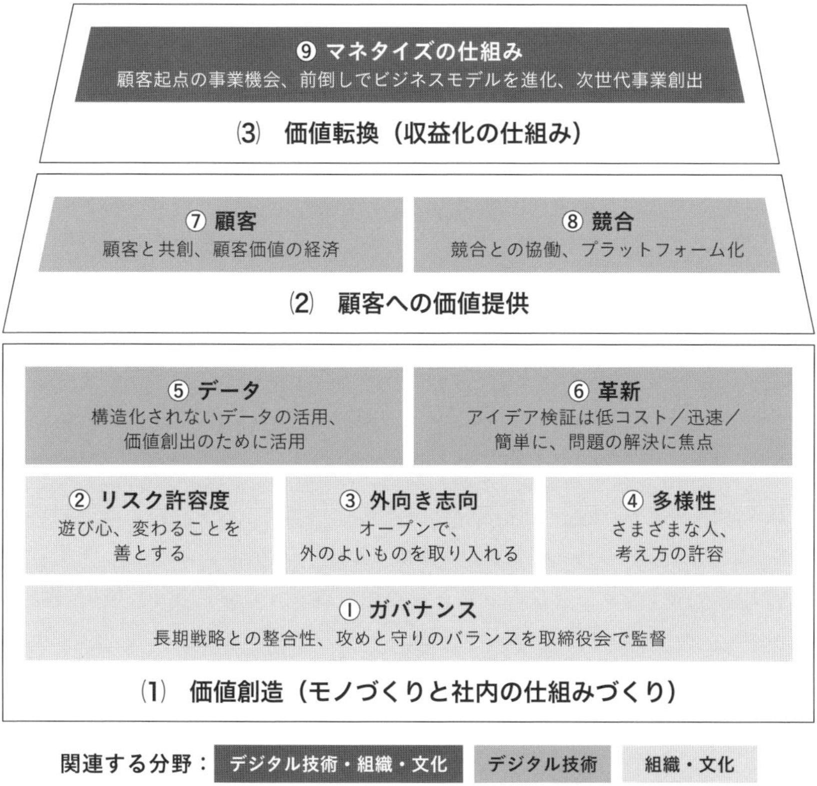

⑨ マネタイズの仕組み
顧客起点の事業機会、前倒しでビジネスモデルを進化、次世代事業創出

⑶　価値転換（収益化の仕組み）

⑦ 顧客
顧客と共創、顧客価値の経済

⑧ 競合
競合との協働、プラットフォーム化

⑵　顧客への価値提供

⑤ データ
構造化されないデータの活用、価値創出のために活用

⑥ 革新
アイデア検証は低コスト／迅速／簡単に、問題の解決に焦点

② リスク許容度
遊び心、変わることを善とする

③ 外向き志向
オープンで、外のよいものを取り入れる

④ 多様性
さまざまな人、考え方の許容

① ガバナンス
長期戦略との整合性、攻めと守りのバランスを取締役会で監督

⑴　価値創造（モノづくりと社内の仕組みづくり）

関連する分野：　デジタル技術・組織・文化　　デジタル技術　　組織・文化

図表1－4 ▶「DX思考」を構成する9つのファクター
出所：辻真典（2019）（脚注12）、Rogers（2016）（脚注11）、Linz, Muller-Stewens, Zimmermann（2021）（脚注10）を参考に筆者作成

36　前掲注10

つまり「DX思考」は、デジタル技術を利用したビジネスモデルや事業領域の再定義に向けた経営改革における思考回路や価値・文化などを含んでいるといえる。

　企業が経営戦略設定や実施において困難（陥りやすい罠）にある時（たとえば自動車産業が内燃機関からEVに大きく変化しているにもかかわらず現状維持を容認する時）、経営者は、デジタル技術を製造業経営に導入せざるをえないと思いつくことと、アジャイルな価値創造の仕組みづくりや外向き志向の文化などの必要性に同時に気づくことが経営改革成功のポイントとなる。

　逆に、もともとその企業の組織が「DX思考」と共通する企業文化をもっていれば、陥りやすい罠にはまることなく、DXを通じた経営改革を成功させることになろう。しかし日本企業は、総じて現状維持を求め、社会ニーズの変化に対して事業領域を機動的に変える変革・リスクテイクの気概に乏しく、「稼ぐ力」で見劣りする。そこで、「陥りやすい罠」にある企業の経営者が、「DX思考」に気づきそれを十分に組織に埋め込む場合に、社会課題に沿った事業展開が収益拡大をもたらすと考える。ここで、社会課題認識を示す1つとしてのSASBアプローチによる開示と、業界への知見もある「真っ当な投資家との対話」が、「DX思考」を通じた経営改革による長期に持続的な利益機会の獲得の実現性を高めると期待できる。その過程で、株主は、経営者が株主価値を向上することを監督し、株主の代表である社外取締役の参画する取締役会（指名報酬委員会も含む）は、継続企業の前提となる企業価値向上に向けたインセンティブと規律の設計を行う。よって、経営改革を実行する経営者とその監督をする取締役会の間に健全な牽制関係が働くといえよう。

　そこで、後述の事例研究において検証する仮説を「サステナブル経営に向けての改革が成功する企業はその陥りやすい罠を「DX思考」によって乗り越えている」とする。サステナブル経営は企業価値向上において必須であり、その実現には、事業環境にあわせた経営改革を伴う。経営改革が成功する企業はその陥りやすい罠を「DX思考」によって乗り越えていることを示していく。1.5で述べたように、これが日本の製造業の処方箋となるはずで

ある。

辻氏[37]に従えば、「DX推進に影響を与える企業マインドセットの因子」とは、デジタル技術活用を含めた経営変革のベースにあるものである。たとえば自動車産業はビジネスモデルを急速に変化せざるをえない環境にあり、価値向上の改革においてはデジタル技術活用による変革が必須である。デジタル技術の観点からの変化（たとえば顧客と共創、競合との協働、次世代事業創出）のみならず、組織文化の変革（遊び心、オープンさ、多様性など）も重要な意味をもつ。これらの視点をRadical Business Model Transformation[38]として言及されている3つの側面、「モノづくりの根幹となるイノベーションの創出、データの活用や社内の仕組みづくりによる価値創造（Value Creation）」「顧客への価値提供（Value Delivery）」「収益化の仕組み（Value Capture）」と接続し、特徴分けをしたものが図表1-4である。

必要な9項目について、デジタル技術なのか、組織・文化に関連するのかを明示したうえで、特徴を記している。ビジネスモデルを急速に変化せざるをえない環境下でDXが必須となる自動車産業での価値向上の改革において、DXの観点からの変化（たとえば顧客との共創、競合との協働、次世代事業創出）のみならず、組織文化の変革（遊び心、オープンさ、多様性など）とそれを監督するガバナンスが重要な意味をもつことが示される。この9項目に沿って後段で事例研究を行う。

1.9 | 事業領域の層累的発展

製造業は、サステナブル経営を「DX思考」で支えると、事業領域の「層累的発展」が実現する。後述の武蔵精密工業の場合、戦争の終了などで外部環境が大きく変化することがあった。航空機の部品をつくっていたが突然ニーズがなくなり、ミシン部品メーカーへと事業領域を大きく変化しなけれ

37　前掲注12
38　前掲注10

ばならなくなった。事業を関連産業ではなく新しい「層」へと飛躍させたのである。

　Linzらの研究では、ビジネスモデルの改革において、ビジネスモデルや事業領域の変化を4象限に分けている[39]。このビジネスモデル・トランスフォーメーション・マトリクスは、商品のカスタマイゼーションと取引のインクルージョンを軸とする。横方向への事業の変化は「商品・サービスのカスタマイゼーションの高低」であり、ビジネスモデルがマスを対象とする方向か、カスタマイズして付加価値を増やそうとする方向かの変化を示す。縦方向の変化は、「取引のインクルージョンの高低」つまり稼ぐモデルの変化（売切りかサブスクリプションか等）を示す。たとえば取引のインクルージョンでは、自動車の部品を作る「プロダクトベース」から、商品検査過程を1つのシステムとして販売するといった「プラットフォーム」型に変わるかもしれない。あるいは、部品を生産するだけから、カスタマイゼーションに進み、プロジェクトベースでの製品提供を行う事業領域に進むかもしれない（図表1－5）。

　ここで、このLinzらのビジネス・トランスフォーメーション・マトリクスに「ビジネス領域の拡張」という1次元を加え、まったく新規の事業領域に進んでいく、あるいは大幅に拡張していく状態を「層累的発展」と名づける。

　図表1－6において、上の層への変化は「ビジネス領域の拡張・飛躍的変化」と考えられる。企業の組織・文化、技術などを適切に評価したうえでの事業の飛躍、つまりまったく異なる分野への拡大や変化を「層累的」と名づけたものである。

　現時点の例に置き換えれば、世界が社会課題としてカーボン・ニュートラルを求めていることを、企業はサステナブル経営において立てたアンテナでキャッチするだろう。自動車業界においては、ハイブリッド車やディーゼル車が望ましいなどの議論があっても、規制の導入により電気自動車（EV）

39　前掲注10

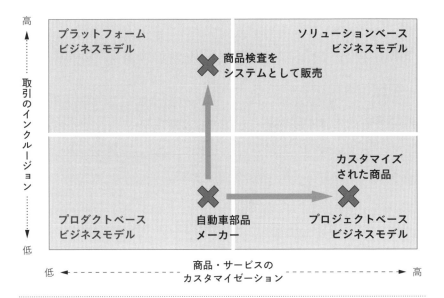

図表1-5 ▶ プロダクトベースビジネスモデルから
プラットフォームビジネスモデルへの進化

出所：Linz, Muller-Stewens, Zimmermann（2022）（脚注10）を参考に筆者作成

しか選択できないことになるかもしれない。これまで仮にガソリン・エンジンを主要な製品としていた企業があるとすれば、このままでは仕事がなくなると理解するだろう。完成車メーカーの変化に付き従っていても、電機業界などからEVに参入してくれば、業界は地殻変動に揺り動かされ、気づいたときには仕事を失いかねない。たとえば、これまでエンジン車向けの自動車部品を製造していたメーカー（図表1-6）の商品・サービスのカスタマイゼーション、取引のインクルージョンともに、低い領域からEV対応部品のメーカーに変わることは、コア技術の強みを生かしつつ、取引相手、競争環境の変化も許容し、技術革新を行うという意味で層累的発展といえる。

　製造業であれば、これを救う手段の1つがDXのような技術革新であり、それを受け入れて適切な体質転換を行うための「DX思考」が必要となるだろうことはすでに述べた。体質転換とは多くの場合、主な事業領域を変更することになるだろう。戦争の終了と国内での飛行機生産の禁止と温暖化防止

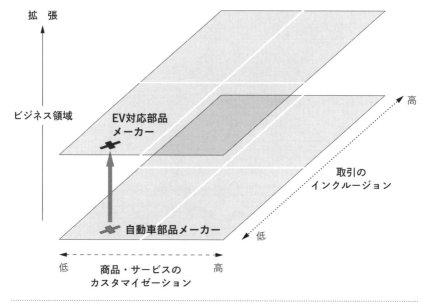

図表1－6 ▶ 新たな層へと既存、新規事業領域を拡張する「層累的発展」
出所：筆者作成

のための内燃機関エンジンの実質的な禁止は歴史的な意味で異なるが、どちらも企業にとっては事業ポートフォリオを選び育てる契機であり制約でもある。

1.10 事例研究：武蔵精密工業

　本節では、EV化とCASEにかかわる外部環境の変化に対応する自動車業界での事例研究を通じて(1)サステナブル経営：社会課題発見と将来の世界や業界の姿を描き、戦略の軸をパーパスなどとして見出しているか、(2)DX思考：単に製造業で重要であるデジタル技術を取り入れるのみではなく、DX思考を通じて事業領域の改革につなげることができるか、(3)層累的発展：その結果として事業領域が飛躍的に拡大し、転換する層累的発展が見出せるか

に焦点を当てる。

　先行研究と投資家としての経験から、サステナブル経営が事業環境にあわせた経営改革を伴って企業価値を向上させると考える。そして、本書で提案する「DX思考」を経営陣がもつことで、経営改革で陥りやすい罠を乗り越えることが期待され、製造業の経営改革を成功に導く。つまり、「DX思考」は、DXを通じた事業ポートフォリオの見直しを進める鍵である。結果として、環境の激変に見舞われ、事業ポートフォリオの再構築を進める製造業は、事業領域の「層累的発展」が見出されるはずである。

　地殻変動を背景に事業ポートフォリオを見直さざるをえない自動車産業などの企業は、サステナブル（持続可能な）経営の視点をもって経営改革を行うことで、社会課題解決と企業価値向上の両立に成功することができよう。特に、IoT化（Connected）、自動運転（Autonomous）、共有化（Shared）、電動化（Electric）（以下「CASE」という）が起こる自動車業界では、100年に一度といわれる構造転換が起こっており、経営変革が求められる象徴的な産業といえる。それゆえ、この業種において事例研究を行うことは他業種において経営改革に立ち向かう際の参考となろう。

　具体的に、国内の中核事例として、自動車部品製造業の武蔵精密工業を取り上げる。この企業は、自動車のEV化に沿う必要に応じた事業領域の拡張にとどまらず、製造業の強みに社外のAIリソースを加え生産サービスを拡大するという大きな改革を進めている。これはDXのコンテクストで「層累的発展」をかたちにした、日本の製造業の進む方向の先進事例と考えられる。日本の経営者には、得意とするモノづくりの現場をシステム・パッケージとして販売する等、サステナブル経営の基盤となる企業のパーパスを事業領域の大胆な変化につなげ、外向き志向と規律のバランスをふまえた監督（ガバナンス）により成長と持続可能性を高めてほしい。

　各地域における脱炭素の動きが顕著であることはよく知られている。欧州ではグリーンディール[40]、米国ではバイデン政権下のパリ協定復帰[41]や公的

40　足達英一郎「欧州グリーンディールの意志　脱炭素を推進、社会システム変革」Earth新潮流、日経産業新聞2019年12月27日付

資金投資による特定産業の強化[42]が報じられている。日本においては、菅政権で環境政策[43]が打ち出された一方、コーポレートガバナンス・コードで「サステナビリティ」と取締役会の独立性重視[44]が注目される。中国でも、グリーン政策による2060ネットニュートラル宣言[45]があり、日本の製造業の需要地における政策変化が顕著となっている。

　特に、自動車業界は、CASEを通じて、100年に一度といわれる構造転換と経営変革が求められている。これは自動車業界における事業前提の変化である。たとえば、すでに米国、中国、欧州などでは軒並みガソリン車禁止の方向であることが報じられている[46]。化石燃料削減、自動車への規制、バリューチェーン変化は必至である。実際に、「トヨタ、部品会社に21年排出３％減要請」（日本経済新聞2021年６月２日付）との報道に続き、「2040年にはEVとFCEV」100％を目標とするホンダが、真岡の部品工場（ガソリンエンジン関連工場）を2025年中に閉鎖すると発表した[47]。これまでガソリン・エンジンを基本としてつくられたバリューチェーンは、サステナブルな社会をつくるとの社会・政策の要請を背景に、一気に変革の波に洗われるおそれがある。このほかにも、株式投資家の株式会社への要請[48]が報告されている。

　ここでは、日本の製造業の屋台骨でありEV化に揺れる自動車業界に注目し、長期ビジョン策定とともに自動車のEV化に沿う事業領域の拡張や社外のAIリソースを活用した製造業（モノづくり）の強みを生かした技術革新を事業化している武蔵精密工業株式会社（ムサシ）を中核事例として取り上げ

41　「米、パリ協定に復帰へ　バイデン氏が大統領令署名」日本経済新聞2021年１月21日付
42　有馬純「バイデン政権のエネルギー環境政策と日本の課題」新春特別コラム、RIETIウェブサイト　2021年１月８日
43　経済産業省「2050年カーボンニュートラルを巡る国内外の動き」2020年12月
44　金融庁「サステナブルファイナンス有識者会議」（第９回議事録）2021年10月15日
45　田村堅太郎＝劉憲兵＝金振＝有野洋輔「中国2060年炭素中立宣言についての解説」IGESワーキングペーパー2020年９月
46　「脱ガソリン車、世界で加速　英は販売禁止を５年前倒し　カナダ・ケベック州も35年までに禁止」日本経済新聞2020年11月18日付、「新車販売、30年代半ば全て電動車に　経産省目標」日本経済新聞2020年12月３日付
47　CRT（シーアールティー）栃木放送「「2040年にはEVとFCEV」100％を目標とするホンダが、「真岡の部品工場（ガソリンエンジン関連工場）を2025年中に閉鎖する」と発表」（2021年６月４日）
48　前掲注22

る。

1.10.1 武蔵精密工業（ムサシ）の概要

武蔵精密工業（ムサシ）は、愛知県豊橋市に本社を置く4輪車、2輪車向け部品を製造するホンダグループのメーカー（2023年3月期売上げ3,015億円、経常利益70億円、当期純利益24億円、ROE2.9％、時価総額約1,138億円）である。

インタビューは、2021年6月22～23日に約7時間以上かけて実施した。当方から要望した「経営改革とサステナブル経営」と先方から依頼があった「GX（グリーントランスフォーメーション）、DXを促進させるESG投資・金融機関の動向やそれらが企業に期待すること」について意見交換というかたちで双方向で行った。出席者は、大塚浩史社長に加え、伊作猛CIO（新規事業関連）、前田大CHO（人事関連）、富松圭介取締役（社外）、AIに特化した子会社の村田宗太社長、関係部署マネージャーおよびスタッフ数名であった。また工場見学、株主総会の見学もこれとは別に実施した。

当社は、自動車用パワートレイン部品、サスペンション部品、ステアリング部品、トランスミッション部品等の製造販売を主な事業としている。コアテクノロジーはギア（歯車）であり、EV向け比率を35％とすることを2025年までの目標としている。事業戦略の中心に、「知の深化と知の探索」を掲げる。「深化」とは、コア事業の深掘りであり、QCD（Quality（品質）、Cost（コスト）、Delivery（納期））とE（時代の潮流である環境課題対応）を組み合わせることで競争力をもち、世界のナンバーワンを目指す。ここで「探索」とは、実験・学習を意味する。コア事業の方向性について経営陣は、(1)EV市場：ギアの技術に磨きをかける、(2)アウトソーシング化：完成車をつくる会社はサービスなど多くのことに取り組まなくてはいけないため、当社のような一貫生産を活用するとみる、(3)参入機会の拡大：新たな成長領域を求める、と述べている。

社長の大塚氏は、1938～2020年の83年間を挑戦の歴史と位置づける。航空機の部品工業は、終戦とともに航空機産業がなくなったため、1947年にミシ

ンの部品生産を開始。これは第一の経営変革で、創業からたった9年で事業領域の転換を成し遂げ、国内有数の天秤カムメーカーとして全国シェア65%を保持していた。その11年後、1958年に国内ではまだミシン産業は活況であったものの産業の衰退を見越してミシン事業から撤退、本田宗一郎氏との出会いから今後大きく発展することを見据えオートバイビジネスへ、さらに二輪車から四輪車に拡大、1970年代に米国進出、1980年代にアジアへ進出を果たした。2008年のリーマンショックで売上半減となったが回復し、2016年には欧州最大手の鍛造・機械加工メーカーであるHAYグループを買収した。2018年以降、自社工場の自動化（ファクトリーオートメーション（FA））を進めるべく、AI（ディープラーニング）の導入に着手している。2021年には、AI検査機を系列外であるトヨタに納品し、新領域で手ごたえを得た。

1.10.2　ムサシのサステナブル経営

ムサシのDNAは「モノづくりにかける情熱」である。2038年で創業から100年となる。世界の課題は環境破壊、高齢化を認識している。会社の使命（Our Purpose）を「わたしたちは、テクノロジーへの"情熱"とイノベーションを生み出す"知恵"をあわせて、人と環境が"調和"した豊かな地球社会の実現に貢献します」と策定し、人々の便利に加え、豊かな自然や社会が広がるように豊かな心で満たされるようにしたい、モノづくりにかけ地球・自然・社会・人が調和したサステナブルで豊かな未来へと導きたい、としている。外部環境においては、テクノロジーにおいて、内燃機関から電動化への流れが明確になり、提供価値は、ハードからソフトへ移り、サプライチェーンは垂直統合から水平分業へと変わりつつあると認識している。

ムサシ100年ビジョン「Go Far Beyond！ 枠を壊し冒険に出かけよう！」では、常に変革を起こしていくことを掲げる。大塚氏は「自動車部品メーカーの常識や既成概念を壊す、世界をアッと驚かす。脱炭素化社会では、エネルギー事業の拡大を志向するとともに、人にはもっと人らしい仕事をしてもらいたい」と語る。人生100年時代に寄り添うために、バイオメソドロジー（化粧品）事業にも進出する。非効率な仕組みや人依存の枠を壊すため

に、デジタルの最適化および人とデジタルの共存を図りたいとの考えもある。グリーントランスフォメーション（GX）においては、限界を決めず、組織変化では、多様性（ダイバーシティ）を進め、ワークライフバランスも追及していくとする。

1.10.3　ムサシのDXにかかわる陥りやすい罠への対応

経営改革の陥りやすい罠に対して、ムサシの場合、経営トップがDXを含む経営課題にコミットメントを示し、経営改革の最中にサステナブル社会を目指すコンテクストで会社のパーパスを明示した。自動車業界の平均を大きく上回る危機感でドメイン改革に立ち向かう。テクノロジーがビジネスモデルを変え会社を持続可能（サステナブル）にしていくとの強い認識をもつ。人材配置や教育を含むインプリメンテーションの詳細も経営者がリードする。一方で取引先・顧客・地域との共創にも目配りする。そして「経営改革にゴールはない」と明言し、経営改革がジャーニーであるとの認識を強くもっている。

ここでは、ムサシが6つの経営改革の陥りやすい罠をどのように乗り越えたのかをたどる。

①　経営トップのコミットメント不足？

2006年に社長に就任した大塚社長直下の組織においてDXの方向性についての研究が進められたことで、コミットメント不足は解消できている。事業環境の変化の波について大塚社長は、10年ほども危機感をもっていたという。一方、経営改革の方向性は取締役会のあり方とも密接な関係があるため、2016年からそれまでの企業統治（ガバナンス）のあり方を見直し、ホンダ出身の取締役の人数削減と業況によって改革へコミットできる時期を見計らっていた。世界各地の生産拠点を回るなど現場に興味をもち行動を続けてきた。

ムサシの執行役は会社に対してロイヤリティが高い。彼らが働くときのインセンティブとして、先にみえる社会を経営者と共有することが重要だと、大塚氏は考える。氏は、これが可能となるのは社長として長期間続けられる

オーナー社長による経営の強みだと考える。DXなど経営課題への社長のコミットメントを直接示し、社内の結束力を強めている。

② グランドデザインの欠如？

現経営陣は、パーパス「わたしたちは、テクノロジーへの"情熱"とイノベーションを生み出す"知恵"をあわせて、人と環境が"調和"した豊かな地球社会の実現に貢献します」を経営改革のさなかに刷新し、目的を見失いにくい環境をつくっている。「人々の便利に加え、豊かな自然や社会が広がるように、豊かな心で満たされるようにしたい」とも掲げている。モノづくりにかけ、地球・自然・社会・人が調和したサステナブルで豊かな未来を導きたいと掲げる。ムサシ100年ビジョン「Go Far Beyond！ 枠を壊し冒険に出かけよう！」では、常に変革を起こしていくとコミットメントを示す。自動車部品メーカーの常識や既成概念を壊す、世界をアッと驚かせていきたいとしている。

外部環境においては、テクノロジーにおいて、内燃機関から電動化への流れが明確になり、提供価値は、ハードからソフトへ移り、サプライチェーンは垂直統合から水平分業へと変わりつつあると認識している。

ムサシのビジネスは「なくなる」と10年前からいわれている。四輪は内燃機関が80％、二輪ではほぼ100％を占める。比較される業界として電気機器があるが、自動車業界との違いは技術の深みと複雑性にあり、経営として、変革の危機感が原点にある。自動車のテクノロジーの奥は深く、材料もゴムや樹脂もあり、組合せは多数で、3万点の部品から構成されている。しかし、今後はだれでもつくれるようになるおそれがある。

大塚氏によれば、ムサシの事業モデルは、EVを中核にしたもの（つまりEVの部品を中心とした開発）である。自動車のモデルチェンジは5～6年で、これが開発投資と回収のサイクルとなっている。今後、EVになると、シンプル化してしまうので商品は一般にコモディティになる（パソコンのようなものになる）ことが避けられない。現在の自動車生産8,000万台のうち3分の1がEVに普及する2025年頃には、この動きは一気に加速するだろう。たとえば、エンジンやトランスミッションがいらなくなる。開発サイクルは

短くなる。大量のマーケットシェアを獲得し、世界シェアを誇れる会社だけしか生き残れない。歯車（ギア、電動）についてはそのシェアを獲得したい。現行のインフラが使えるのでさほど投資は増えないが、投資回収には一定の時間がかかるものの、いま、インフラをつくって早期に対応する戦略だ。EV向け駆動ユニットをつくりたい会社がムサシに声をかけてくるので、構成部品であるデファレンシャルや減速ギアを供給していく。

③　ステークホルダーの期待あるいは関係の理解不足？

ステークホルダーの期待値の理解に関しては、取引先、顧客に加えて地域との接点を積極的にもち共創を掲げ、資本市場とも経営トップや社外取締役が投資家、証券会社との対話を積極的に行う。2021年6月22日の株主総会の内容からみると、大塚社長の経営戦略に関する株主への説明は、当社の歴史、哲学、100年ビジョンにわたり、当社の現状および目指す方向性がわかりやすく適切であった。

従業員については、自律している人材を求める。情報はプラットフォームにあるので自分でとりに行かないといけない。プラットフォームにとりに行ける人間が必要である。それゆえ、リモートワークを推奨している。自律した個人事業主的なアプローチの人材が望ましいとしている。これが進まないとDXが進まないと考えている。

ステークホルダーの理解については、説明ができれば大丈夫と大塚氏は理解している。「たとえばPhytotherapy（植物療法）を使った化粧品事業に関しては、なぜムサシがやるのか、という質問もあるが、ウェルビーイングとの直結によって社会課題解決性が高く、地域との共創であり、そこにムサシのモノづくりのノウハウが生かせる」というふうに説明してステークホルダー（たとえば株式の投資家）と対話している。新規事業でも経営会議で出た意見により修正があるが、方向性は社長が決める。「事業としてメイクセンスして（成り立って）いないとだめだ。社内マーケティングが成功している」ともいう。大塚氏によると、「そうはいっても無理だよという人は最初はいるが、方針を社長の言葉で説明すると変わってくる」とのことだ。

資本市場との対話について、氏によれば、「3年前はまったく質問も出な

かった。その後もしばらく先を見据えた質問はなし。2020年の年末からメディアにカバーされ、今年（2021年）に入ってから評価された」とのことだ。「新規事業をやっているのは社会課題解決に取り組んでいるからだ」「自社の発信を強化するべく、専門家（たとえばアナリスト経験者）を雇ってレポートを書かせるようなPRが必要だという課題感をもっている」と述べる。投資家層について「いまのところ、バリュー（割安株）投資家のほうが多い。グロースの投資家にみてほしい」としている。「投資家の着眼点が変わってきているので、直接海外に出向くことも検討する」と氏は話し、さらに株主との対話を強めることを望んでいる。

④　危機感の不足？

大塚氏は、「（もしかしたらいまはすでに）大企業の時代ではないのかもしれないとまで思っている」という。大企業は、くだらないことに時間を割いているようにみえてしまう。氏は、「そうはいっても」というのが嫌いだ。大企業ではそのような議論に時間を割きがちではないか。大塚氏は、「何かを変えるのはリーダーの仕事。現場は、改善はできても、改革はできない」と述べ、リーダーとしての役割を認識し、現在置かれている状況を打破するべく行動をとっていることを示し、業界の危機感を大きく超える強い改革へのコミットメントを示す。ビジネスモデル存続への危機感の欠如は感じられない。

⑤　DXの理解の低さ？

大塚氏は、「経営改革の最大のミッションは、ビジネスモデルを変えることだろう。テクノロジーによって、ビジネスモデルが変わる。こうして会社がサステナブルになることは、当社の歴史で証明している、変革をおそれない」などと述べ、十分な関係性の理解がある。

変革のカタリスト（きっかけ）は2017年社外取締役との会話で、イノベーションとは何かを考え、新しい価値を生み出すことと理解したことにある。アイデアと行動力で生まれるなら、非連続なイノベーションを起こすことは大したことない（それならムサシでもできる）と思った。スタートアップ企業と違い、人も設備もお金もあるから、本気になればできると考えた、と大塚

社長は語る。なぜ当社にはできてほかではやらないのか、との問いに、社長のマインドセットが違うと述べる。何かを変えるのはリーダーの仕事であり、そうでなければ改善はできても改革はできない、改革は新しい価値を生んでいくと社長は認識している。

　大塚氏は「経営改革は、リーダーが時代にあわせてやる」べきと考えている。リーダーの価値は世の中にはわからないこともありうる。氏は「経営改革の最大のミッションとしていちばん求められることは、ビジネスモデルを変えることだろう」と続ける。それゆえ、変革をおそれては、会社自身がサステナブルに生き残れないことになる。

　DXインプリメンテーションの過程における課題対応不足のおそれも小さい。ムサシは、自分たちの仕事にあうようにシステムをつくってきた過去から、自社の海外展開を通じて世界のやり方にあわせるべくプラットフォームを導入し使うようにやり方を変えるなど、DXを進めるための十分な課題認識をもっていたといえる。また不断の努力を人材育成などにおいても怠らず、課題対応に邁進する。

　ムサシでは、DX推進担当を設置し、2021年度4月からDXプロジェクトをスタートした。これまでSAPのグローバルプラットフォームを7〜8年使ってきた。当初海外拠点が増えていった頃はシステム部門で統一して各拠点のシステムをみることができていない状態だった。正しい経営（最適、最速）を目指し、2012年になってその青写真が描けた。基幹システムとして研究開発対象を人工知能（AI（ディープラーニング））と見定め、先行投資も行ってきた。AI自体を開発するより、それについては外部とのコラボレーションで手当し、製造業企業にアプリケーションを提供することに注力するほうがよいという結論に至った。

　以前はプラットフォームを導入しても、自分たちの仕事にあうようにシステムをつくり直していたが、いまではプラットフォームを使うように自社のやり方を変えている。つまり、世界中のやり方にムサシがあわせていくということになる。一例として、IT人材開発に限らず、グローバルSAPのSuccessFactors[49]を人事部門に導入している。これも「カスタマイズミニマム」

の一例で、システム導入側であるムサシがシステムにあわせて仕事のやり方を変えていくようにしているという。

　製造業を支えるIT部門としては、システム導入においてコンサルタントと理解を擦り合わせていく。「システムは離婚ができない結婚だ」「設備はその拠点だけで終わるが、システムはグローバルに横断的である」「拠点ごとに改善が起こっても、同じような業務を異なるシステムとして導入することは、企業規模の割に少ないといえる」とのことだ。

　子会社であるMusashi AI社においてもDXの将来について、お金につながるか業務改善につながらなくてはならないと考えている。たとえば、AIの世界（マーケット）は広いので、AIの導入においてはある程度絞る必要があるだろうとみる。まず研究開発にかかわる商品としてAI（ディープラーニング）を導入してきたが、次は生産開発にまつわる仕事を8～9割程度にしたい。そこでデジタライゼーションを行うつもりだ。スマートファクトリーで検査、搬送にAIを導入し、そこから得られるデータをもとに工場全体をDXするパッケージを提供する事業に参入していきたい、としている。これは「新しい現場力」であるデータの収集とパッケージ化を経営者自らリードしている事例といえよう。

　課題対応の現実（苦労話）としては、デジタルに対しての知見が少ない、部署が分かれている、壁がある、メールではなく話しにいく、という人に関する部分が大きい、との指摘があった。リスキリングがこれからの課題であると大塚氏は認識している。前田CHOもこれからのDXにおいては、AIプロセス人材、デジタル人材を育てていく、「デジタル部門」（実験部隊）を立ち上げたいという構想を練っているという。ムサシにはIT部門はあるが、「かっちりしている、ちゃんとしたインフラ」となっている。そこで、大塚社長はそれとは別にムサシを変えていく部隊をつくろうという構想だと理解できる。

　技能士（技能検定に合格した人に与えられる国家資格）の資格保有者が生産

49　人事システムの一種、https://www.sapjp.com/gb/blog/archives/1365参照。

部門の従業員の7割まで到達した。生産部門に携わることとは、さまざまなスキルが必要であるクリエイティブな仕事だ、と大塚氏は語っている。たとえば、このような人材が営業活動のなかでテクニカルな部分をお客様に説明できるようになる。生産開発にまつわる仕事では、アフターケアも必要となる。研究開発にかかわるAI商品よりも設置問題が多くなるからだ。現場で使える人材が大事になると見込んでいる。トヨタ（のような先駆的企業）がムサシの製品を買ってくれたのは現場の人材が直接導入に関する説明などを行えたことが理由だと大塚氏は述べる。

氏は、ABEJA（ムサシとAIで提携）との開発成果は世界中で学習させると述べた。単に導入してすますのではない。一方で、アノテーション（機械学習のモデルとして教師データを作成する）に注目し、たとえば生産部門の検査プロセスで「プロがみること（品質基準が正確かどうか）」の判断基準は変わっていくものだ、と氏は述べている。それが次のサービスにつながるという意味で、「欠陥なきこと」を活用する場所があり、それが事業となる。

これらの話題を大塚社長自ら語ることができることが、DXを単なるデジタル化ではなく事業領域の変化・飛躍につなげることと理解していることを示している。

⑥　改革はジャーニー（道のり）であることの認識不足？

社長は、「経営改革にゴールはない。1つのマイルストーンである創業100周年である2038年をめがけて全力疾走している。まだ1合目だ」と述べた。平均的な日本企業と異なり、創業家三代目社長であることで、社長の任期を長く想定できることもメリットだろう。

常に創業の精神（Our Origin）をもつ。多くの企業の盛衰をみてきた。「質実剛健　至誠一貫」の姿勢は一貫しているという。結果として、1963年から2020年までに社員数は400倍まで成長した。ムサシの経営者が「経営改革はジャーニーである」との認識が不十分となる可能性は低いように思われる。

1.10.4　ムサシの「DX思考」による経営改革支援

図表1－4の9つのファクターに沿って、ムサシの経営改革を「DX思

考」がいかに支えたかを確認する。大塚社長は、企業価値の考え方について、Essential Company、つまり世の中から必要とされている会社でありたいが、どう測るかはまだ決まっていないとする。SDGsは１つのアングルとして参考にする。しかし、「ボランティアは長続きしない、やっている人が幸せでないと自律していけない、サステナブルにするためには、事業で稼ぐ、成長していかなければ成り立たない」と明言する。

　日本の経営者は平均的に株主と顧客を重視するというが、大塚氏に関しては、顧客の信頼に応えるためには、企業そのものが将来の財務を含めてサステナブルでなければならないと明確に認識している。サステナブル経営の本質は社会課題起点に自社を見つめ直し、ビジネスモデル変革へ果敢に経営トップ自ら旗を振り挑戦し、既存事業の深掘りと新規事業への進出を通じて財務成果の持続性と社会との共存の持続性の両方を目指すことである。

　① ガバナンス

　大塚社長就任時の2006年は、取締役が16名、うちホンダ出身者が９名（56％）だったところから、2011年から取締役を10〜12名とし、うちホンダ出身者は２名（約20％）と激減させたのち、現在（2022年株主総会終了時点）では社外比率が６割以上、ホンダ出身者は2018年以来ゼロである。これによりアウトサイドイン（自社を外からみる姿勢）が増強され、系列に依存しない中長期的な企業価値向上に向けた議論が活発化し、自動車部品以外の新領域への投資を伴うビジネスモデル転換にも果断に取り組むことが可能となっている。報酬に関しては、代表取締役（社長）は基本報酬、業績連動報酬、非金銭報酬（譲渡制限付株式）がそれぞれ50〜55％、25〜30％、15〜25％、業務執行をする取締役は60〜70％、25〜30％、10〜15％となっている。報酬委員会が設置され、譲渡制限付株式が一定程度あり、業績連動報酬（売上げ、営業利益、EBITDA）が年次目標と関連づけられており、戦略指数についても新規事業売上げ、電動車連動比率に加えてESG指標達成度が反映される仕組みとなっている点については、経営陣インセンティブづけが中長期的視点とアライメントしているといえる。

② リスク許容度（企業文化）

2021年の株主総会で大塚社長は自社の挑戦の歴史を振り返った。そこには創業から約10年ごとに2回の事業領域の変革を成し遂げた祖父のチャレンジ精神が、ムサシのDNAにはあるという。

創立100周年を迎える2038年に向けて「Go Far Beyond！ 枠を壊し冒険へ出かけよう！」というスローガンを掲げ「限界や常識という枠を壊し、今の延長線上にはない新しい価値を創造してまいります」としている。当社は、企業文化変革を進めているが、初期の段階と認識している。注目点は「他の会社と同じで、部署ごとに縦割りになっており、横串でやろうとすると阻害要因が出てくる。このため、部門ごとの風通しをよくすることに腐心している。具体的には、デジタルを使ってつなげる、満足度を上げるなどである」と伊作CIO、前田CHOが述べる。前田CHOは「トップは、トップの判断を仰ぐチャンスを増やす一方、通常は判断の方向性を見える化し、役員同士が同じページにいることを確認できるようにして、権限委譲（判断を任せられる人と仕組み、ガバナンスをつくらないといけない）を進める必要がある」と語る。

DXは何のためにやるかとの問題意識を強調する。具体的に、大塚氏は「競争優位（スピードと効率）だが、とにかくスピードが求められる。これまで商品開発は5年サイクルだったが最低でも倍速、さらに10倍にしたい。擦り合わせの文化を試作レスへ、図面の3D化を使って進める。DXの前にデジタライゼーションは必要となる」と語る。

「DXは組織と文化だと考えている」と氏は続ける。「トップが情報と権力をもつが、下からの情報は上がりにくい。デジタルはゼロか1かしかないので、フラットな関係が向いている。部門に長がいるヒエラルキー的組織をやめて、プロジェクト型にもっていく。目的があって仕事があるのが本当なのだが、いまは組織存続のために仕事がある状態なので、取組みを始めている」と組織について経営者からの方向づけは明確である。

「DX思考」のためには、「コミュニケーションの改革が必要だ。スモールチームは7名程度とし、ピザ2枚食べるぐらいでの規模（20〜30人）を1人

のマネージャーがみる。組織をフラットにしてフラットにコミュニケーションできる必要がある」。さらに具体的に「slackを使う。コミュニケーションの変革をDXと言い始めたのは最近のことだ。まず、紙を減らすことから始めた。RPAは標準型だ。仕事の3S（整理、整頓、清掃）でいらないものをやめる、いるものを標準化、その上にのせる。Zoomはスモールチームでやっていたからできた。コロナはいいきっかけとなり、リモートが普通になった。slackを使っても怖くて投稿できないという場合もあり、DMでやるなど個別に調整して心理的安全性も重視する」など細かい状況にも気を配る。一方で、問題意識として「エンジニアには成果物を入れる箱をつくっているのに評価会の直前にしか入れない人ばかりで、意識改革が必要だ」とも語っている。

　人事評価では、ジョブ型に移るために、職分制度として、事務系、現場技能系、開発、現場作業に分ける。事務系に企画も置いた。社内公募制度もつくるなどの工夫を続けている。

　新規事業のリスクテイクについて、氏は「アーリーステージでお金を投じることだろう」とする。続けて「「リスクって何」と考えてみると、品質とコンプライアンスのリスクが高いということだろう。しかし、キャッシュフロー300億円、設備投資200億円の企業で、新規事業20億円、5〜10%であるならばリスクにはならない（ただし社会的なリスクがない限り）」と位置づける。そう考えることにより、「リスクはチャンスの裏返しであり、ムサシの経営としてのリスクは少ない」という大塚社長の言葉が理解できる。

③　外向き志向（企業文化）

　当社経営陣には、オープン・イノベーションが重要だとの認識が十分にある。「通常の納期2年、EV関連では1年もないことが多く、社内ですべてをつくっていたら間に合わないので、開発プロセスを短くするために外注や協働をする。ベンチャー投資も規律をもって行う」と大塚氏は述べている。

　経営陣の1人は、「大きな分岐点となったのは、AIの使用言語を独自開発のものではなく、Pythonを採用することを決定した時だ。当時Pythonを使える人はいなかったが、その決断によりNVIDIAと一緒にやろうということ

になった」と指摘した。

外部とのコラボレーションについて、大塚氏は「開発は外部のサポートも含めて考える。費用もかかるが開発プロセスを短くする。電動化の開発の波が来ている、いま入り込まないと間に合わず、3〜5年が勝負とみている。あとで確立しても遅いのだ」と主張した。

④ 多様性（企業文化）

取締役の多様性が価値を生み出した例をあげている（図表1−7）。取締役では、ハリー・ネア取締役には、ビジネスセンスと人脈、シリコンバレーのインド人ネットワークが期待される。金融業界出身であり、自らも積極的に新分野へも投資する富松取締役はAIなどのイノベーション創出の視点をもたらした。女性役員比率も約3割（11人中4名）となっていること、およびグローバル、新領域展開に即した多様なスキルの確保は、取締役会に続いて今後従業員への多様性を導入していく素地を築いているといえる。

⑤ データ（価値創造―モノづくり）

ムサシは、AIでの検査と物流において、検査はデータの宝庫であると認

取　締　役			企業経営	製造・技術研究開発	営業・マーケティング	IT・DX	財務・会計	法務・リスクマネジメント	ESG・サステナビリティ	グローバル経験
大塚　浩史			●		●				●	●
Tracey Sivill			●			●	●			
森崎　健司			●	●				●		
神野　吾郎	社外		●		●		●			
Hari N. Nair	社外		●	●	●					●
富松　圭介	社外		●			●	●			
宗像　義恵	社外		●	●			●			
小野塚惠美	社外						●		●	
宮澤　実智		監査等委員						●	●	
山本麻記子	社外	監査等委員						●		●
大久保和孝	社外	監査等委員	●			●	●	●	●	

図表1−7 ▶ ムサシの取締役会の構成とスキルマトリックス（2022年6月時点）

出所：武蔵精密工業「取締役会構成」（https://www.musashi.co.jp/sustainability/governance/corporate/board.html)

識し、顧客側でニーズの高そうなデータを収集し、製造業現場があるという
強みを生かしていくとしている。これは一種の大量生産モデルで、なぜなら
どんな製造業現場でも総じてデータが生かしきれていないのはわかっている
からだ。大量のデータも標準化されればデジタル化される。大量生産モデル
とは、違う場所で集めたデータを個々の現場で意味のあるかたちにして提供
することを指す。「データには因果関係がわからないものが多いが、AIで解
析する。搬送（SDV）個別にAIを搭載せずにセントラル管理、画像でコピー
されていく」とのことだ。こうして工場全体の物流を管理できることにな
る。

　カンバン方式のAIの未来において、FAの次世代のモノづくりでは革新的
に工場が進化する。マネタイズについては、フェーズに分けて行う。スター
トアップ企業であればソフトウエア側からしか手がつけられないだろう。従
来、画像で保存しているものがたまってきたが、いまでは数字が蓄積されて
きた。「ムサシには製造業の現場があるという強みを生かしていく」という
発言は、日本の製造業へのヒントとなる。

⑥　革新（価値創造―モノづくり―イノベーション）

　そもそも車の開発に関してDXが起こっており、総じてモノづくりのなか
では進んでいる傾向にある。理由として生産現場は変化点が多いためだろう
とムサシでは認識している。

　大塚氏の認識では「車の開発に関してはDXが起こっている。モノづくり
では進んでいる傾向にあり、生産現場は変化点が多いためだろう」としたう
えで、「日本のデジタル化が遅れているというが、海外が進んでいるという
かというとそうでもない。そもそも鉄を使う商品では導入がむずかしいのか
もしれない。逆に、製造業が少ないイスラエルではしばしば製品をつくるわ
けではないのに商品案など提案だけは出てくる」ともいう。ムサシの製造プ
ロセスにおけるイノベーションの機動性の背後には、自動車にかかわってい
ること、イスラエル企業との協業の例など柔軟な発想にも接していることが
あると思われる。

⑦　顧客（価値提供）

　AI事業など新しい事業では「標準」がないので、経済産業省に標準作成を促すなどの努力も行う。系列外の完成車メーカー大手に「モノづくりの会社がやったAI」でアプローチし、内部も含めたコンペで納入を獲得した。

　AI事業について、顧客の「ハードルを乗り越えた」といえる。大塚氏は、「そもそも新しい事業で標準がない、だれが何を基準に判断したの？となるので、経済産業省にも標準をつくりましょう、といって進めた」と述べている。先端的な顧客が使ってくれれば十分だと考え、ムサシはトヨタに「モノづくりの会社がやったAI」をアプローチした。トヨタの素晴らしいところはいいものをつくりたいという目的が明確、フィロソフィーがあるので、トヨタのなかでコンペしてムサシが勝った、と大塚氏は考えている。

　これまでの事業のあり方である「系列部品メーカー」としては、完成車メーカーのいうことを聞かないと出入り禁止になると、大塚氏は一般論として述べている。ムサシのホンダ依存度が高い状態が大塚氏の社長人生の3分の2だったが、以前80％あった売上依存度は現在50％程度に下がっている。

⑧　競合（価値提供）

　大塚社長は、「製造業であることを生かしてつくったものを売れるようにしていく。同じ悩みをもった会社をAI（ディープラーニングを活用した）検査機に導き、自社商品をプラットフォーム化していきたい」とした。競合他社も競合するだけではなく、日本のモノづくりの新たなステージを他社と共創していきたいという姿勢がみられる。

⑨　マネタイズの仕組み（価値転換―生み出される価値）

　AI事業における販売戦略とEV戦略に注目する。また、分析の枠組みとしては、ムサシをビジネス・トランスフォーメーション・マトリクスにある4象限（プラットフォームビジネスモデル、プロダクトベースビジネスモデル、ソリューションベースビジネスモデル、プロジェクトベースビジネスモデル）への当てはめについても検討する。ビジネス・トランスフォーメーション・マトリクスとは、商品のカスタマイゼーションと取引のインクルージョンを軸とした4つのビジネスモデルである。

伝統的な自動車部品メーカーであるムサシは商品のカスタマイゼーションを抑えプロダクト提供をベースとしたプロダクトベースビジネスモデルであるといえる。近年のビジネスモデル改革は、そこにデータをベースとした取引のインクルージョン（包摂性）、すなわち提供先を「取引相手にエンドツーエンドのプロセスをもとに包摂的なソリューションをベースに提供し」「プラットフォームの支配と設計の統一化を実現」「マネタイズではサブスクなど少額一定でありながら長期的な売上げの仕組みを構築」するプラットフォームビジネスモデルを志向する（図表1-5参照）。

さらに、プラットフォームビジネスで得たノウハウをEVという新たな世界観と価値観（マネタイズの仕組み）に向けて、エネルギーソリューションやスマート農業へと別の層における発展を推し進めている。この発想は、既存の自動車部品メーカーという生業をEVという新たなコンテクストでとらえるきっかけともなり、これまでの事業領域においても同時に進化している。これを筆者は「層累的発展」と名づけた（図表1-8）。

1.10.5　ムサシの層累的発展

SDGsにかかわり、テクノロジーを総動員する。CVC（コーポレート・ベンチャー・キャピタル）の活動の目的を「ムサシと有望なスタートアップ企業をつなぐグローバルネットワークを構築し、テクノロジーの融合によってコア事業の拡大と新規事業の創出を加速する」とし、今後の戦略投資およびパートナーシップの4つの方向性は、Mobility、Industry、Energy、Well-beingとしている。たとえば、Mobilityの領域での取組みとして、イスラエルのテルアビブで2011年に設立されたREE Automotiveは、EVプラットフォームメーカーで、車両設計の自由度、車内空間の最適化に強みがある。数億円の出資から上場直後の時価は100億円を超えた。IndustryではMonarch（米カリフォルニア州、EVスマートトラクター）、Energyの領域では、SAKUU（米カリフォルニア州、全個体電池）、Well-beingでは、Spornado（カナダ・トロント、農業・植物バイオ事業）などをオープンイノベーションの場としている。

⒜ 1938〜1956年までの事業領域の転換

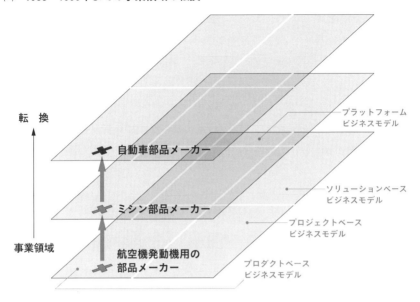

⒝ 近年（2018年以降）のビジネス領域の拡張を含む層累的発展

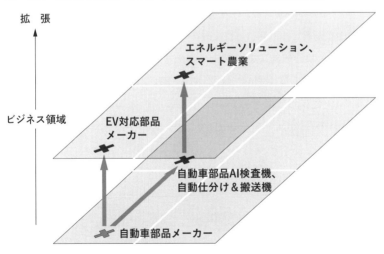

図表 1 － 8 ▶ 事業領域の層累的発展

出所：筆者作成

ここで重要な点は、ムサシの事業領域が「層累的に発展」していくことである。航空部品メーカーからミシン部品、自動車部品へと製造へ転換させたことは、新たな層へと事業領域を転換させるビジネストランスフォーメーションであったところから（図表1−8）、近年は、AI（ディープラーニングを活用した）検査への進出（これは同じ平面でよりプラットフォーマー的な展開と考える）と同時に、EV市場におけるギアのさらなる技術革新（新たな層への進化）やEV電池やアグリビジネスなど異なる平面と層を重ねるような事業領域の拡張を伴うビジネスモデル・トランスフォーメーション（BMX）に取り組んでいる。

1.10.6　考察：ムサシの事例にみるサステナブル経営

　CASEが起こる自動車業界は、100年に一度といわれる構造転換が起こっており、経営変革が求められる象徴的な産業といえる。自動車業界は、日本の製造業において屋台骨ともいわれている。経営変革が成功すればそれは今後の日本経済の持続可能性へ貢献するであろう。事例研究を用いて、経営改革成功への示唆の発掘と、いま期待される経営のかたちであるサステナブル経営（社会や環境への配慮が売上げ増やリスク低減を通じて企業自身の持続可能性、すなわち企業価値と株主価値の持続的増大を目指す経営）への転換のヒントの一般化を試みた。具体的には、国内の中核事例として自動車部品製造業の愛知県豊橋市に本社を置くグローバル企業である武蔵精密工業を取り上げた。自動車のEV化に沿う必要に応じた事業領域の拡張にとどまらず、製造業の強みに社外のAIリソースを加え生産サービスのプラットフォーム化を視野に入れた事業を拡大するという大きな改革を進めている。これはDXのコンテクストで日本の製造業の進む方向の先進事例と考えられ、「層累的発展」と名づけた。

　企業が社会課題解決とともに企業価値向上を期待されるなかで、「サステナブル（持続可能な）経営に向けての改革が成功する企業は、その陥りやすい罠を「DX思考」によって乗り越えている」との仮説を立て、武蔵精密工業の社長はじめ経営陣への詳細なインタビュー、工場見学を通じてのビジネ

スモデルの変革の確認などから、ほぼ支持されたと考えられる。

　もともとその企業の組織が「DX思考」と共通する企業文化をもっていれば、陥りやすい罠にはまることなく、DXを通じた経営改革を成功させることになろう。しかし、ムサシの例でもあるように、「DX思考」は顧客との価値創造の機会の発掘（トヨタへのAI検査機器の納入）、ガバナンスの発展（系列ガバナンスからの脱却）が重要であり、「DX思考」は外部環境によって左右されるため静的（スタティック）なものではなく、それ自体が時代の流れとともに進化、適応していくものだということもみえてきた。一方、「DX思考」は、経営者を核とした企業の主体的な取組みなくしては実質性が低く、サステナブル経営自体が動的（ダイナミック）であるといえよう。これは経営というもの自体が企業の発展とともに変化するものであることから考えれば当然のことともいえる。

　考察を事例とつなげてまとめると以下のとおりとなる。

①　「DX思考」とサステナブル経営の本質

　ムサシの「DX思考」は、社会課題起点に自社を見つめ直し、既存事業の深掘りと新規事業への進出を通じて財務成果の持続性と社会との共存の持続性への貢献の両方を目指す方向が明確であった。これは、サステナブル経営の本質であると考える。

②　経営者の経営変革の意識

　ビジネスモデル・トランスフォーメーションを経営トップが意識的に行っている点が重要である。ムサシでは、経営トップ自ら旗を振りビジネスモデル変革へ果敢に挑戦し、社長直下の組織でDXの方向性についての研究が進められた。事業環境の変化の波について大塚社長自身が10年ほども危機感をもっていたという。社長自らが環境を見極めて改革へコミットできる時期を見計らっていた。

③　グランドデザインの存在

　自動車業界はビジネスモデル・トランスフォーメーション（BMX）すなわち新たな事業展開だけではなく企業のあり方を変える必要に直面した。世界的な潮流である環境配慮に伴うEV化や顧客の嗜好の変化に対応すること

が、自動車メーカーからたとえばモビリティサービスを提供する企業へと
コーポレート・トランスフォーメーションをすることを強いられることにな
る。その際に祖業やコアコンピタンスと挑戦する分野の組合せ、見極めが重
要になってくる。ムサシは、グランドデザインにおける「パーパス」のある
経営がサステナブル志向社会を背景に事業領域を見直す経営改革に向かう例
として注目される。

④ 層累的発展の重要性

　ビジネスモデル・トランスフォーメーション（BMX）における平面的進
化に加え層累的発展が必要である。ムサシのケースにあるように、戦時中の
航空機部品メーカーからミシン部品、自動車部品へと事業領域を転換した。
2018年に始まる経営改革において、ビジネスモデル・トランスフォーメー
ション（BMX）を進めた結果、平面上での進化としてよりプラットフォー
ム提供に近づいた（包摂性が高く、カスタマイゼーションが低い）AI検査に拡
大した。ここでは、AIの技術導入が現在の事業の改善にとどまらず、部品
製造に近い分野であるがビジネスモデル・トランスフォーメーション
（BMX）を果たし、データドリブンなプラットフォーム事業の基盤づくりと
なりDXの好事例となった。さらに層累的発展として、別の事業領域へも拡
張している。社会課題が提示する自動車産業の変質を先取りし、EV用電池
事業に拡大するのみならず、製造業のノウハウが生かせるアグリビジネスへ
の多角化を進め始めた。一言でいえば層累的発展とは既存の事業からの平面
的なビジネスモデル・トランスフォーメーション（BMX）を端緒に、新た
なビジネス領域への拡張をも組み合わせた飛躍である。

⑤ グランドデザインに基づいたガバナンスの重要性

　筆者が投資家としてガバナンス面から注目してきた株主とのコミュニケー
ションや社外取締役の重要性が、ムサシを通して明確に把握できた。社外取
締役のテクノロジーへの知見がムサシの事業ドメインの改革に重要な意味を
もった。事業改革のグランドデザインは、顧客満足や株主価値のみならず、
従業員・取引先の満足、さらに時代や地域の目指す方向性との高い一致性が
求められる。グランドデザインを牽引するパーパスの存在は、ムサシについ

てはこの方向に明確に機能しているとみられるが、まだ明確にパーパスを示していない企業については今後の注目するところとなる。

　本書では、自動車産業での成功例を日本の製造業に拡大するための経営改革のインプリケーションとして考えてきた。ムサシについては、その「資産がすなわち経営力」とみることができそうだ。この点で近藤氏によるAIについての先行研究[50]の結論が当てはまると考えられる。本書では、近藤氏が注目したムサシのビジネスモデル改革について、「サステナブル（持続可能な）経営に向けての改革が成功する企業はその陥りやすい罠を「DX思考」によって乗り越えている」という一般化を試みるべく、経営陣への包括的インタビューを行い、層累的発展を発見した。そして、「DX思考」を既存事業と新たな事業領域へと迅速に広げた経営トップの意思決定があることなどを示した。さらに、持続的な企業価値と株主価値増大であるサステナブル経営が求められる日本の製造業への実務的なインプリケーションは大きいと考える。

　この事例を通しても課題は残されている。サステナブル経営推進に関するコーポレートガバナンス・コード等のあり方、産業政策へのヒントなど、政策インプリケーションに課題がある。さらに、取締役会機能向上等に向けたサステナブル経営の理解の浸透の仕組みを考えたい。ステークホルダーへのコミュニケーションの効果もさらに検討が必要だ。また、「DX思考」とサステナブル経営との関連の重要性について、特にISSBの業種のマテリアリティを当てはめることで、整合性を考察することも残された課題である。

1.11 | サステナブル経営の要素

　そもそも、研究者のなかでサステナブル経営の定義はいまだ不明確であることは否定できない。永里賢治氏は、「サステナビリティ経営戦略の概念に

50　前掲注15

ついては明確な定義が存在しない」としつつ、「経営戦略論は、財務的利益だけが組織の成功とする伝統的な経済モデルに深く根を下ろしている。しかし地球環境と社会に対する様々な懸念は急速に高まっており、企業は社会に貢献し、環境保全に気を配りながら利益をあげることが期待されている」とまとめている[51]。

　サステナビリティ経営（永里氏）とサステナブル経営（本書）の用語の違いについてすら、いまだどちらが決定的とはいえないほどだ。本書では、「持続可能性の経営」ではなく、「持続可能な経営」と考えてサステナブル経営という用語を選んだ。日立製作所は、統合報告書[52]において「日立は、サステナビリティを事業戦略の中核に据えた「サステナブル経営」を実践しており、社会イノベーション事業を通じたサステナブルな社会の実現に向けて取り組んできました」と述べており、サステナブル経営を選んだ例といえ

	サステナブル投資				金融商品ではない
	社会的責任投資（SRI）	ESG統合	エンゲージメント	インパクト投資	慈善事業・寄付
特　徴	価値観に沿って投資対象から除外する業種を決める（例：酒、タバコ、ギャンブル、武器）	ESGの要素を投資対象の分析、ポートフォリオ構築、対話に含める	エンゲージメント（対話）によって企業価値を向上させ、投資リターンの源泉とする	環境・社会的インパクトを追求し、達成指標を設定。財務リターンは市場並み以上を目指す	社会的意義の追求が目的で、提供資金への見返りは求めない
財務リターンの追求	○	◎	◎	△	×
環境・社会的インパクトの追求	○	○	○	◎	◎

図表 1 - 9 ▶ サステナブル投資と慈善事業・寄付の違い

出所：北川哲雄＝加藤晃監訳『社会を変えるインパクト投資』（同文舘出版、2021）、（Veronica Vecchi等『Principles and practice of impact investing : a catalytic revolution』Routledge; 1st edition (2016)）を参考に筆者作成

51　永里賢治「サステナビリティ経営戦略におけるP2Mの役割」国際P2M学会誌13巻2号（2019）192〜210頁
52　日立製作所「統合報告書2022」　https://www.hitachi.co.jp/IR/library/integrated/2022/ar2022j.pdf

る。一方で、永里氏は、財務的利益だけが目的ではなく、社会貢献・環境保全に気を配りながらも利益をあげるという両立をアウトプットとして求められる経営であるとも指摘している。この点で、経営がサステナブルであるということには、目の前の利益を犠牲にしても社会・環境に貢献することがステークホルダーから求められるのであれば、それはビジネスモデルの強靭性として許容するとの考えもあることを示唆している。1.4.2で述べたとおり、フローの観点での「両立」あるいは配慮は、結果として長期株主価値の最大化でもあり、企業の開示やアナリストの行動も適応的になることで、本質的に両立するとみている。

　本書では企業の種類を慈善事業から従来型事業までの分類としてとらえ、そのうえで上場企業を利益を追求する従来型事業を主力とするものとみなす。本書で扱う上場企業、具体的に自動車業界の企業群は、(『サステナブルファイナンス原論』でいうSF3.0のような) インパクト優先の市場並みの財務リターンを期待された企業ではない。従来型の上場企業が長期思考経営を取り入れサステナブル経営の意思決定（図表1-1）フローを通じて、革新的なサービスや商品により顕著な成長や事業の持続性を追求すると同時に、自然や社会への持続性にも貢献するものと想定する。環境や社会課題へのインパクトを目的として設立された企業とは異なる。金融商品としてのサステナブル投資においても同様の整理がされている。

　実務としての「サステナブル経営」は、「慈善事業」から、インパクト型NPO事業、ベンチャーキャピタルのインパクト投資、B-Corp、一般企業のESG経営などまで幅広い。ビジネスで成功した経営者がNPOなどでその能力を生かすケースなどが増えていることで、「経営」の定義も拡大しているといえる。そのなかで、本書のフォーカスは、最も企業数が多く経済を支えていると思われる「従来型事業」の「本流市場型企業」にある。社会的価値と財務的価値の融合は従来型の「財務的価値の創造」のみにフォーカスする経営よりも価値全体を増やす可能性がある。従来型企業が、慈善事業に資金を割り当てたり、「CSR企業」に変身したりするのではなく、社会課題を解決する観点から社会的価値を生み出そうと意図することを通じて、社内の6

つの資本を活性化し、新たな事業機会を見出し、たとえばEV時代の到来において内燃エンジンに固執しない会社に生まれ変わる経営改革を行うケースが本書で注目するサステナブル経営と考える。

　本書でのサステナブル経営は、長期的・将来の財務的利益を最大化すること（今年のROAなどではなく）が、社会課題や環境保全にも矛盾しない、あるいは逆に、社会課題や環境保全などがその企業の時代や地域の期待として与えられそれを内部に取り込むことで、長期的未来の財務的な利益（期待値）、ひいては現時点での企業価値（長期的な期待利益流列の現在価値）を最大化すると考える立場である。またその過程で求められる資源配分や戦略、結果に対する説明（アカウンタビリティ）への対応にも積極的に取り組むことを期待する。

1.11.1　監督と執行

　サステナブル経営における重要な要素として執行と監督の分離がある。株主による取締役会の監督、取締役会による経営の監督である、「監督のチェーン」（図表1−10）をよりいっそう意識することで、各者の役割とそれに伴うアカウンタビリティが明確になると考える。

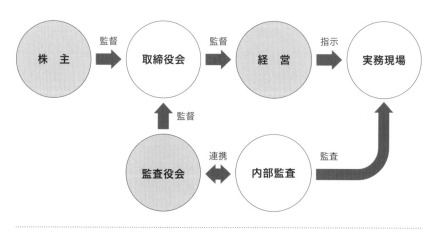

図表1−10▶監督のチェーン
出所：筆者作成

まず、株主によるガバナンスについて、近年の資本提供者を取り巻く議論をみる。最終利益の分配の権利をもつ株主が自身の利益を最大化するうえでは、他のステークホルダーへの価値提供が適切に行われることこそ、中長期的な意味で株主価値のサステナビリティにつながるという発想になっていることがある。

　これは、特に世界中の企業に広く投資をするユニバーサルオーナーと呼ばれる機関投資家（たとえば年金積立金管理運用独立行政法人（GPIF）のような大きな年金基金）は中長期的な金融・現物投資の成果の基盤に、環境・社会の持続可能性があり、運用を委託する際に投資判断やスチュワードシップ活動のなかで投資先のサステナビリティを考慮することを期待している。世界最大の責任投資を推進する団体である国連責任投資原則（PRI）は、原則1に投資家が「ESGを投資のプロセスに統合すること」を掲げ、経済面において効率的で持続可能な金融システムの構築を推進している。持続可能な金融システムは長期的な価値創造にとって不可欠であり、責任投資のみならず環境や社会にとって有益であるとしている。それに賛同する署名機関は本書執筆時点で4,435、純資産総額は130兆ドル[53]となっており、この流れがメインストリーム化していることを示している。また、国際的なガバナンス団体であるICGNは2022年10月にModel Mandate（筆者訳：模範的合意事項）としてアセットオーナーへのガイドラインを示した。このなかで、「受託者責任は投資家のスチュワードシップの中核」であるとし、投資戦略には投資理念をはじめとして、運用資産の期待収益、時間軸、リスク許容度、議決権行使と対話に関する期待を明示し、「資産運用会社を雇うだけでは最終受益者に対する受託者責任は果たすことはできず、マンデートの設計と監視を含め、アセット・オーナーの受託者責任と一致する方法で運用会社が行動することを保証するための措置を講じることが不可欠」としている。投資先企業を含むインベストメントチェーン（Chapter 3の3.3にて詳細参照）が機能することで、資金の出し手である最終受益者への利益が最大化される。多くの場合、

53　PRIウェブサイト https://www.unpri.org/about-us/about-the-pri

資金の出し手は個人であり、経済的、社会的なウェルビーイングがこのインベストメントチェーンの機能のレベルに依存しているともいえる。

ESG投資の観点からの年金基金等の受託者責任の整理は、『ESG投資とパフォーマンス—SDGs・持続可能な社会に向けた投資はどうあるべきか』[54]にあるように、「受託者責任のジレンマ」（ESG投資の成果が通常投資より悪かった場合の伝統的な意味での受託者責任）と、「21世紀の受託者責任」[55]（ESGを考慮しないことが受託者責任に反する）との一見相反する考え方があり、さらに日本でも金融庁がESG投信を取り扱う運用会社に対し、運用プロセスの実態に即した説明や開示などを求めた[56]ように、「個人投資家の利益を考えたかたちで行われているか」という観点もある。「経済的リターンを大前提としつつも、サステナビリティへの配慮と経済的リターンの確保と両立する投資となっていることがますます重要となっていく方向にある」との前述の湯山氏のまとめが適切と考える。

中長期的なスチュワードシップ活動のテーマとして、GPIFの「ESG活動報告2021」[57]によれば、GPIFが委託先運用会社に確認を行ったところ、国内パッシブ運用では、気候変動、コーポレートガバナンス、情報開示、サプライチェーン、ダイバーシティ、不祥事について、すべての委託先運用会社が重大なESG課題であると回答した。国内アクティブでは取締役会構成・評価、少数株主保護（政策保有株）、情報開示とされた。これらは投資先企業のサステナブル経営をドライブするものであり、対応する技術開発や商品設計、事業ポートフォリオの組合せによって、企業価値と株主価値の両方をあげるものとなる。

機関投資家による監督を受けた取締役会は、サステナビリティをふまえた長期ビジョンと戦略の整合性、それに向けたコーポレートカルチャーの意識

---

54 湯山智教編著『ESG投資とパフォーマンス—SDGs・持続可能な社会に向けた投資はどうあるべきか』第4章（金融財政事情研究会、2020）

55 UNPRI「21世紀の受託者責任」https://www.unepfi.org/fileadmin/documents/fiduciary_duty_21st_century_jp.pdf

56 金融庁「資産運用業高度化プログレスリポート」2022年5月

57 年金積立金管理運用独立行政法人（GPIF）「ESG活動報告2021」

的な変革と定着、執行体制および執行の成果の評価を行うべきである。これには、取締役会としてのサステナブル経営の理解が不可欠であるが、それには取締役のスキルマップをベースとした強みの集合体として、財務、テクノロジー、サステナビリティ、人事や法務など各視点からのインプットと意見交換によってなしえるものであり、決して、1人のサステナビリティオフィサーに頼って実現できるものではない。最近の取締役を対象としたグローバルな調査結果[58]からは、取締役会において、対象となった半数以上の企業で定期的な議案となっており、65%がESGは企業リスクマネジメントの議論の一部となっているとしている。一方で、取締役会としてESGリスクについて十分に理解できているとする企業は27%、機会については24%にとどまった。また、企業の規模によっても理解度に差があり、売上げ100億ドル規模の企業では過去12カ月で72%の取締役が気候変動対応について議論しているものの、売上げ10億ドル未満では27%であった。企業戦略とESGの関連についてもそれぞれ73%、40%と大きなギャップがみられる。このことから取締役会全体としてのサステナブル経営に向けたESGの理解は深化の余地があることがわかる。

　経営の監督を助ける内部統制の仕組みの一部である内部監査についても、業務監査のみならず経営理念の監査を実施している例もある。武蔵精密工業では、パーパスを「わたしたちは、テクノロジーへの"情熱"とイノベーションを生み出す"知恵"をあわせて、人と環境が"調和"した豊かな地球社会の実現に貢献します」としている。サステナビリティ戦略会議（取締役会とも連携する会議体）において社内の中長期テーマを全社横断的に推進することに加え、長期ビジョンの浸透こそが企業価値向上と内部統制の基盤となるとの考えから、内部監査チームがグローバル監査において浸透度合いについて拠点長の面談や担当者へのチェックシートを用いた質疑応答を通じて、今後の課題を特定しフォローアップしている。取締役会を頂点とした一連のサステナブル経営に向けた社内の監督体制が機能することで、社外の株

58　Mark Segal, "PwC Survey：More Than Half of Boards Lack a Strong Understanding of ESG Strategy or Risks," October 11, 2022

主による対話や議決権を通じた監督のチェーンが高度化できる。

1.11.2　企業文化と行動変容──ESGは終わったのか

　ここで、企業文化の変革への貢献についてまとめておきたい。まず、2022年、ロシアのウクライナ侵攻によって石油価格が高騰し、一時的なエネルギーの石油・石炭への回帰が不可避となったことから、ESG投資への「風当たりが強い」状態となり、「ESGは終わったのか」という問いが現れた。

　筆者は、いわゆるマーケティング的なESGではなく、本質的なESGに企業が取り組むことで、企業のビジネスとその存続という意味でサステナブルになる必要は現時点でもあるのだから、サステナブル経営を目指すべきだ、と答える。本Chapterでは、サステナブル経営とは「株主（企業のオーナー）を始めとするステークホルダーに価値を提供しながら持続可能な社会への貢献を目指す経営」と定義したが、「ESGは終わったのか」と問われる時点では、サステナブル経営とは、「ESGの視点等を盛り込んでビジネスモデルの持続可能性を高める経営」であると言い換えておく。

　ESG投資、サステナブル投資が重視されるなかで、環境社会への配慮は、売上げの増加につながる一方で、将来の期待にもつながり、これを通じて企業価値が高まる。投資家の言葉でいえば、将来キャッシュフローをより多くつくっていく能力があがると観察できる。それを受けて株価も上がることにつながると考える。ESGにおいて、E（環境保全）とS（社会課題解決）つま

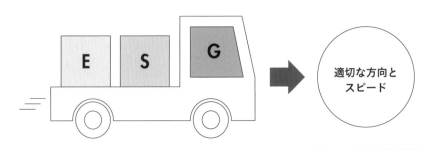

図表1−11▶ESG：GがEとSを推し進める
出所：筆者作成

りサステナビリティの課題は、経営執行側の行動の問題である。それをいかに経営戦略のリスクと機会に組み込んで適切に監督していくかがG（ガバナンス）である。つまり、正しいGがあってこそ、適切な方向とスピード感でEやSが進んでいくと考えるべきだ。つまり、ESGというよりGESの順に考えるべき（Gが最も重要）と考える（図表1-11）。

　サステナブル経営については、Gを2つの側面でとらえるとわかりやすい（図表1-12）。まず、「ビジネスモデル・戦略の検討と執行の監督」としての側面である。これは、長期的な価値創造の観点からビジネスモデルと戦略への助言、中期計画へのフィードバックを行うこと、計画対比で実行されているか監督するなどである。もう1つは、「基盤整備」の側面である。取締役会の構成やサステナビリティ戦略推進の体制が、ガバナンス実行のための基盤となる。Gの基盤の上に、EとSの取組みがビジネスモデルにどう直結し、事業戦略と連動し、将来財務に影響するかを整理する。このように社内のESGの取組みは2つのGのサンドイッチのなかにEとSがあるといえる。このような姿をふまえて開示しつつ、対話をしていくことで、ESGへの取組みを改善していく仕組みができあがる。

　また、会社のなかで、事業とESGがバラバラにあるのではなく、図表1-13のように事業のいろいろな側面のなかにEとSが入り込んでおり、一貫した考え方あるいはビジョンに基づいた取組みが相互につながっていることが望ましい。言い換えると、Gが事業におけるEとSの活動を取り囲むような発想をもつことが適切である。

　取締役会における企業文化の監督について、数年前から米国では取締役会における話題としてコーポレートカルチャーのマネジメントあるいはそのトランスフォーメーションという言葉が出てくるようになった[59]。ここでいうコーポレートカルチャーとは、日本語では企業文化と訳されるが、英語では「Implicit unwritten rules」と説明されるものである。つまり、明示的に書かれてはいないが、「How people choose to behave」という意味で従業者・

59　たとえば、Joe Dettmann, PhD, Global Corporate Purpose, Culture and Leadership Effectiveness Solution Leader, "Five ways to enhance board oversight of culture," Apr 9, 2019

**ビジネスモデル・
戦略の検討と執行の監督（G）**

（項目は事例）

- 取締役会による資本配分（投資）の監督
  と説明責任
- 取締役会によるマテリアリティの検討
- サクセッションプラン（有事のリーダーシップ対応の説明）

環　境（E）

- TCFD対応（Scope 1, 2, 3の開示）
- 長期目標に向けたマイルストーンと科学
  的アプローチによる達成の計画案
- サーキュラーエコノミーへの対応

社　会（S）

- 人的資本活用
- ＞サクセッションプラン
- ＞DX人材の育成
- ＞女性活躍（推進担当役員の配置、従業員
  エンゲージメント向上）
- サイバーセキュリティへの対応

基盤整備（G）

- 取締役会の構成（規模、多様性、報酬）
- サステナビリティ戦略推進の体制

改善 対話

開示・情報発信

- ESGレーティング（外部評価機関によるスコア）向上
- 統合報告書の作成
- ESG・統合報告書説明会の開催

図表1-12▶ サステナブル経営におけるESGの考え方

注：上記は、例示をもって理解を深めることを目的とした概念図であり、網羅性の担保はしない。
出所：筆者作成

役職員がどのような動作をするのかを定義づける「書いていないルール」だとされている。いわゆる、ふわっとした、なんとなくいい雰囲気の会社だ、と表現されるような意味での「文化」ではなく、役社員の活動を定義づけるベースになるものを英語では「コーポレートカルチャー」と呼んでいる。筆者は、日本語の後に英語を知って、衝撃を受けた。

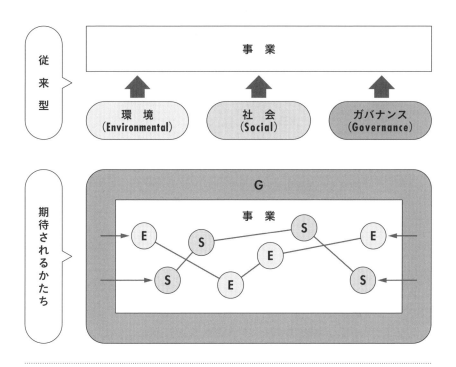

図表 1 −13▶ ESGと本業の関係（イメージ）
出所：筆者作成

　取締役会における監督の５つの視点について、Dettmannは、「企業文化
（コーポレートカルチャー）とは経営戦略との整合性がなくてはならない、そ
してそれを推進するためには評価体系との整合性がなくてはならない、そし
て企業文化というのは行動をドライブするものであるから、実際に浸透して
いるかを計測するべきである、それから、多くの会社がいま新しい時代にさ
まざまな変革を求められるなかで、変化とともに変わっていくべきものだ」
と主張した[60]。そして、最終的には、取締役会の文化が結局前者の文化を定
義づけるので、取締役会の文化の評価もまた重要であるとした。簡単にいえ
ば、ダイバーシティが重要であると述べる会社の取締役会が日本人、男性ば

"Corporate culture is defined by the implicit, unwritten rules that create expectations for <u>how people choose to behave</u>."

取締役会における監督の５つの視点

① **企業文化と経営戦略の整合性**
"Fit with current ambition (of management)"

② **企業文化と評価体系の整合性**
"Align incentives to the desired behaviors"

③ **企業文化の浸透の計測**
"Expect data from as many sources as possible...Customers and employees are key sources of intelligence"

④ **意識的な企業文化の変化への対応**
"Identify the 'influencers' within the organization"

⑤ **取締役会の文化の評価**
"Board sets the ultimate tone at the top"

図表１−14 ▶ 取締役会における企業文化の監督
出所：Joe Dettmann（2019）（脚注59）より筆者作成

かりとなっていれば、おそらくうまくいかないと見なされるだろう。

　実例の１つとして、筆者の武蔵精密工業の統合報告書（2022）におけるコメントを再掲する。

【取締役会による監督への期待】

　上場企業として他人資本をもとに操業している企業は、６つの資本をインプットとして価値創造を行い、説明責任を果たすことが求められています。近年の機関投資家による財務資本の提供者としての監督とそれに伴うエンゲージメント（対話）は、この価値創造と監督のサイクルを高度化するものだと言えます。

これまで長らく機関投資家として、企業の外からこの活動に関わってきた者として、多くの企業の経営陣、現場担当者（例えば投資家対応をするIR部門）はサステナビリティを含めた対話の重要性を理解していると感じています。一方で、取締役会による執行の監督、長期目線での戦略への貢献は外からではわかりにくく、開示物等からは形式的な関与が主流のように見えていました。

【当社における現状】

　実際に当社の取締役会に出席し、その機能発揮は投資家が思う以上に複雑であると実感しました。一方で、当社では、社内外の取締役が、建設的批判も含めて活発に議論をしている現状を目の当たりにしました。特に私の専門であるサステナビリティ・ESGの分野では、取締役会と経営陣の連携も重視していることがわかりました。

　例えば、サステナビリティ戦略会議では既存・新規ビジネスの展開についての議論、環境・人材面における外部からの要請への対応と社内での取組みの方向性に関する討議など、多面的に企業の持続可能性・ビジネスモデルの強靭化について議論がされています。加えて、より先進的なトピックについての勉強会、会議の外での積極的なフォローアップなど、執行側からも社外取締役の専門領域の知見を活用しようという前向きさが見られます。

【取締役会の文化（カルチャー）】

　生産性高いディスカッションの背景には、特定の手順に則ったものというのではなく、取締役会自体のカルチャーが大きく作用していると考えます。"Culture runs from the top" というように、取締役会自体における文化が会社全体の文化を決めるといっても過言ではありません。幸い、当社の取締役会は過半数が社外、ジェンダー、バックグラウンド、専門性も様々ですが、心理的安全性があると感じます。すなわちパーパスに基づくGo Far Beyondという長期ビジョンの達成に向かって、監督側、執行側が一丸となり、あえて議論の種を持ち出したり、お互いに質問したり、また足りないところを補ったりする行動基盤（corporate culture）があります。今後はこのカルチャーが全社でチャレンジすることを推奨し、成功に向けて支援し合い、既存・新規事業の発展に前向きなエネルギーを注ぐ意識が広がることを期待しています。

【サステナブル経営における課題】

現在海外では、ESG投資に対して逆風とも言える批判や懐疑的な見方もあります。一方で、企業が環境、社会、ガバナンスの視点を踏まえてサステナブルに価値を創造し、ステークホルダー（顧客、従業員、将来世代や投資家）による期待に多面的に応えるという原則は不変です。むしろ企業として社会に対してポジティブなインパクトをどのように増やせるかまで考える時代の到来ともいえます。

当社におけるサステナブル経営の鍵は、グローバル拠点も含めたパーパスの浸透と自動車業界を取り巻く現在の課題に向かって、一人ひとりと企業全体がいかにトランスフォーム（変革）していけるかになります。例えばDX人材育成は経営層によるコミットメントと従業員の意識改革の両輪を回して初めて実現するものです。また、GXにおいては、外部からの期待に応えると共に、操業上の効率性やコスト面において慎重な検証とTCFDの枠組みを活用した丁寧な説明が必要です。他にも新規事業における成果の見える化、地域への貢献についても、取締役会が適切なリスクテイクを後押しし、6つの資本の最適配分の監督と説明責任をしっかりと果たしていくことが重要だと認識しています。私も取締役会の一員として専門性を活かしながら、監督と執行側との距離感のバランスをもって真摯に活動してまいります。

Chapter 2

サステナブルファイナンス

私は株式投資家として、ファイナンスの観点から、さらに日本の未来を期待する観点から、企業の経営改革を待望しています。日本には素晴らしい技術やその種があるのですが、それらは価値を最大限高めるように活用されていないようにみえます。価値とは、株主への価値から社会への価値までさまざまで、寄付や政府財政でまかなうべきものから、民間の力で適切な価値とリターンを生み出しながら育っていくものまであります。民間企業の力の発揮と社会課題解決の双方を後押しし、社会の持続可能性を高めるための金融がサステナブルファイナンスだといえます。

2.1 サステナブルファイナンスとは

　世界の株式投資家は、国際社会からのカーボン・ニュートラルへの要請を受けての産業構造の地殻変動を目の当たりにし、企業の経営改革を待ち望んでいる。Chapter 1で述べたように、改革を通じて、企業は、社会課題解決とともに企業価値向上を期待されている。株式投資家としては、投資現場で直面する日系企業の比較劣勢（いわゆる伊藤レポート等で指摘）の打開策を見出すために、世界的なサステナブル社会への思考の強まりを理解することが有効だと認識している。なぜなら、サステナブル経営すなわち「株主（企業のオーナー）をはじめとするステークホルダーに価値を提供しながら持続可能な社会への貢献を目指す経営」が社会課題解決と企業価値向上を両立させるからである。いま、企業の価値創造の仕組みが変化しているからこそ、この機会を生かし、適切に対応して、日本企業が劣勢を跳ね返す契機としたい。そこで金融業界は、社会課題解決に向けた技術に着目したファイナンス、脱炭素への企業の転換を後押しするトランジションファイナンス、ESGを含めた投資家と企業の対話の深化など、社会のアップデートに貢献するサステナブルファイナンスの加速度的発展を理解し、企業に提供する必要がある。

　サステナブルファイナンス有識者会議の報告書[1]によれば、「サステナブルファイナンスは、持続可能な経済社会システムの実現に向けた広範な課題に対する意思決定や行動への反映を通じて、経済・産業・社会が望ましいあり方に向けて発展していくことを支える金融メカニズム、すなわち、持続可能な経済社会システムを支えるインフラと位置付けるべきものと考えられる」とあり、社会の持続可能性に向けて金融業を取り巻く規制環境に変化が出てきていることを示唆している。本Chapterでは、その概観をとらえるとともに、筆者が20年以上携わってきたサステナブル投資と機関投資家に関連

1　金融庁「サステナブルファイナンス有識者会議　持続可能な社会を支える金融システムの構築」2021年6月

する分野（インベストメント・チェーン、スチュワードシップ責任、エンゲージメントなど）を深掘りすることで、Chapter 3 のサステナブル経営とサステナブルファイナンスの接続、およびChapter 4 の経営と金融のサステナブルな価値共創を提供する。

　図表2－1にあるように、すべての経済、社会活動は、地球上に成り立っているので、社会活動は、地球自体の持続可能性が危ぶまれる状況（プラネ

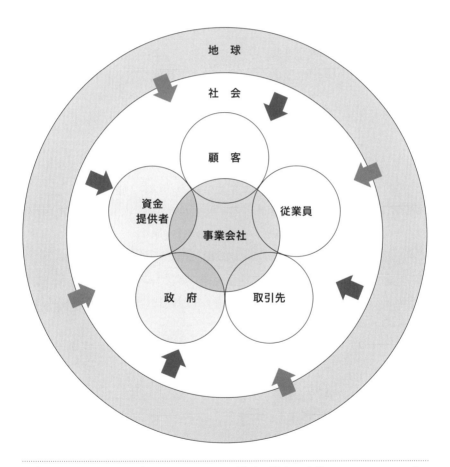

図表2－1 ▶ サステナブルファイナンスと地球、社会、企業のステークホルダーとの関係

出所：筆者作成

タリーバウンダリー）の影響を受けることになる（図中、「地球」から「社会」への矢印）。また社会のなかに存在する企業のステークホルダーの価値観や行動様式もそれに影響を受け、企業とのかかわり方に変化が生じている（「社会」から「事業会社」に向かう矢印）。その変化のなかで、資金提供者である投資家、銀行、地域金融、保険会社、さらに資本市場関係者としての証券会社や取引所や、金融機関・資本市場の規制を策定、監督する立場としての金融庁など政府も、持続可能性を意識した金融を推進し、そのあり方を考えている（図中、左灰色の部分）。それが、サステナブルファイナンスが金融メカニズムとして位置づけられるゆえんである。また、地球や社会の持続可能性に配慮しなければ、金融メカニズム自体が機能しなくなり、システミックリスクとなることから、国内だけでなく世界のサステナブルファイナンスの動きをふまえ、事業活動、規制策定をすることが重要である。

　事業会社はその経済活動を成り立たせるために金融とかかわりをもつが、金融業のあり方の変化に影響を受け（たとえば、上場企業であれば有価証券報告書でサステナビリティ開示への対応が必要となるなど）、企業活動を支える財務活動においても必然的にサステナブルファイナンスを意識することになる。ということは、これまでサステナブル投資の世界でクローズアップされてきた株主（企業のオーナー）である機関投資家（運用会社）との関係だけでなく、銀行、保険会社、グリーンボンド等の発行を手伝ったりM＆Aをアドバイスしたりするような投資銀行部門をもつ証券会社とも適切な関係の構築が求められることになる。

　サステナブルファイナンスに係るすべての金融主体に話を広げる前に、全体像として、サステナブル投資とサステナブル金融について整理したい。ここまでESG投資と述べてきたものは、サステナブル投資の一部であり、図表２－２の①の部分を占める。

```
┌─────────────── サステナブルファイナンス ───────────────┐
│                                                              │
│  ┌─────────────────────────────────┐   ┌──────────────┐ │
│  │        サステナブル投資           │   │    融資      │ │
│  │  企業や社会の持続可能性に注目して投資をする手法  │   │ • グリーンローン │ │
│  │                                   │   │   など       │ │
│  │  ┌───────────────────────────┐ │   └──────────────┘ │
│  │  │ ① ESG投資                  │ │                     │
│  │  │ • スクリーニング(特定の基準(価値観)に沿って選別) │ │  ┌──────────────┐ │
│  │  │ • テーマ型(気候変動、女性活躍など)           │ │   │    債券      │ │
│  │  │ • 国際規範型(環境や人権などの国際規範に基づく) │ │   │ • グリーンボンド │ │
│  │  │ • ESG統合(投資活動にESGを組み込む)          │ │   │ • サステナビリティ │ │
│  │  └───────────────────────────┘ │   │   ボンド  など │ │
│  │  ┌───────────────────────────┐ │   └──────────────┘ │
│  │  │ ② インパクト投資              │ │                     │
│  │  │ • 環境・社会課題解決に焦点       │ │  ┌──────────────┐ │
│  │  │ • 投資判断、成果の評価をリスク、リターン、社会的イ │ │   │   公的金融    │ │
│  │  │   ンパクトで計測                │ │   │ • 補助金      │ │
│  │  │ • リターンは市場並み以上         │ │   │ • ファンド  など │ │
│  │  └───────────────────────────┘ │   └──────────────┘ │
│  │  ┌───────────────────────────┐ │                     │
│  │  │ ③ エンゲージメント投資         │ │                     │
│  │  │ • 企業の行動に変化を起こす対話    │ │                     │
│  │  │ • 株主の権利(企業との対話、議決権行使、株主提案) │ │                     │
│  │  │   を活用                      │ │                     │
│  │  └───────────────────────────┘ │                     │
│  └─────────────────────────────────┘                     │
└──────────────────────────────────────────────────────────┘
```

図表2-2 ► ESG(サステナブル)投資からサステナブルファイナンスへ
出所:筆者作成

2.2 サステナブル投資の種類

サステナブル投資の市場規模は、世界的にも増加傾向にある。「Global Sustainable Investment Review(GSIR)」の2020年版統計[2]によると、2020年には世界で35兆ドルを超える残高規模となっている。

世界的に拡大するESG投資の背景には、地球の持続性・社会の持続性が世

2　Global Sustainable Investment Alliance, "Global Sustainable Investment Review 2020" (2021)

界の課題になっており、金融業界でもそのような観点を重視する投資が年々増えていることの表れだ。ESG投資を含むサステナブル投資残高の進捗について、2016年と2020年の世界各地域の持続可能性重視投資残高を比較すると、全体として54％、欧州を除くすべての地域で大幅に上昇している。日本では、474億ドルから2,874億ドルへ506％増えた。日本の資産運用の担当者がいままで行っていた投資をサステナブル投資という新しい枠組みに組み換え始めたことが増加の主要因であり、投資におけるマインドセットが変わってきたことが大きな変化の根底にある（図表2－3）。

　サステナブル投資とは、企業や社会の持続可能性に注目して行う投資であり、慈善事業への資金提供ではない。サステナブル投資のなかには、大別するとESG投資、インパクト投資とエンゲージメント投資がある。ESG投資は財務リターンの追求が強く、インパクト投資は、環境・社会へのインパクト達成の指標を設定して追求する一方、財務リターンは市場並み（同様の投資商品の平均程度）でもよいなど追求は弱めである、といった濃淡がある。エンゲージメント投資では、企業との対話を通じて企業に行動変容を促すことに主眼を置いた投資となる。

　図表2－4のとおり細分化して比較すると、なかでもテーマ型、ESG統合型はそれぞれ605％、143％と大きく増加している。ESG統合型とスクリーニ

（単位：十億ドル）

地　域	2016	2018	2020
欧　州	12, 040	14, 075	12, 017
米　国	8, 723	11, 995	17, 081
カナダ	1, 086	1, 699	2, 423
アジア・オセアニア	516	734	906
日　本	474	2, 180	2, 874
総　額	22, 839	30, 683	35, 301

図表2－3 ▶ グローバル・サステナブル投資資産残高・地域別
出所：GSIR2020より筆者作成

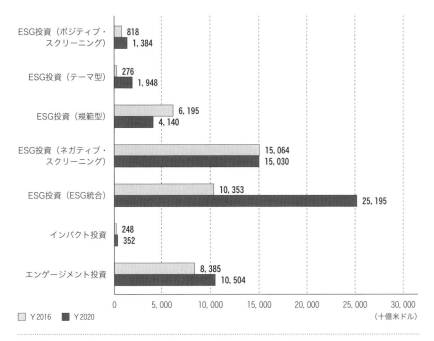

図表2 - 4 ▶ グローバル・サステナブル投資資産残高・手法別
出所：GSIR2020より筆者作成

ングの規模の逆転は、欧州における開示投資カテゴリーの解釈の厳格化により、分類が変わったことも一因である。

2.2.1　ESG投資

　簡単に分類の内容を説明しておく。ESG投資は、スクリーニング（ポジティブ・ベストインクラス）、サステナビリティのテーマ型、規範型、スクリーニング（ネガティブ・除外）、統合型に分けられる。

　まず、スクリーニング（ポジティブ・ベストインクラス）とは、ESGの観点から「良い企業を選び投資する」考え方である。たとえば、インデックス・プロバイダーのESGスコアの高いものを選ぶ投資はこの分類に含まれる。また、ベストインクラスについて、オランダの大手運用会社のロベコ[3]は、「ベスト・イン・クラスの原則を順守した投資とは、たばこや鉱業などの業

種やセクターを排除するのではなく、各業種に関連する環境・社会・ガバナンスの基準を満たすために最も大きな努力をしている企業に投資することを意味します。その次のステップとしては、それらの企業のサステナビリティへの取り組み成果を向上させるよう、エンゲージメントを実施することが挙げられます」と説明している。この場合、単純にスコアの順位で投資するのではなく、アナリストの分析結果で投資先を選び、目的のある対話を通じて企業の価値向上を促しリターンの源とする投資と考えられる。ESGの考え方に素直な方法だが、意外に残高の比率は低い。従来型の投資の運用プロセスの変更では対応できず、新しい運用商品として投入する必要があるからだろう。

　次に、サステナビリティのテーマ型とは、太陽光発電など再生可能エネルギーや、女性活躍をはじめとする多様性重視などから、テーマを絞って企業を選択し投資する手法である。社会的課題の変化に従い投資テーマをつど設定して運用商品として提供できるため、ESGが話題となる頻度が上がるにつれて機動的に増加してきたと思われる。

　規範型とは、環境や人権などの国際規範の観点から、基準に達していないとみなされる企業を投資先から除外する運用手法である。国連グローバル・コンパクト（UNGC）や国際労働機関（ILO）が定める児童労働や強制労働に関する条約などから、資金の出し手や運用機関が規範を選んで運用プロセスに組み込む。

　スクリーニング（ネガティブ・除外）は、セクター内で温室効果ガス排出量が多い企業やセクターそのもの、あるいは児童労働を利用する企業など、ESGの観点からネガティブと思われる企業を投資先から除外する投資手法である。規範型との違いは、何を避けるかを、国際規範ではなく資金の出し手や運用機関の価値判断に依存することである。宗教団体等がその教義に反する酒・たばこ・賭博などに関する銘柄を投資先から除外したことがこの手法の投資の始まりとされ、ESGの原始的手法とも考えられる。この残高が大き

3　ロベコ：サステナビリティ投資用語集「ベスト・イン・クラス」https://www.robeco.com/jp/
key-strengths/sustainable-investing/glossary/best-in-class.html

い理由は、従来型の運用プロセスのマイナーな変更（投資対象ユニバースからのネガティブ銘柄の除外）ですむからであろう。ただし、これは次の「統合型」の前段階とみなされることになりそうだ。

統合型は、急激に投資額が増えているESGの投資手法である。統合型は、従来型のインデックスに対するアクティブ・リターンの高さを競う部分をそのまま引き継いでいるものが多い。従来型の運用リターン最大化目的という価値判断を維持しながら、投資手法としては、投資対象ユニバースでの銘柄除外、ベストインクラスでの銘柄選択などが「統合」されていることが多い。最大のポイントは、企業が発するこれまでなかった環境や社会課題に関する「非財務情報」も取り込む、コロナ禍後に従業員のウェルビーイングへの取組みに配慮する、といった方法が、「環境や社会に悪い銘柄のパフォーマンスが良いことで運用成果が悪くても、追いつくことを諦める・必要としない」のではなく、運用リターン最大化目的という価値判断を維持し、その目的のために、「環境や社会に良い企業が、外部不経済の内部化のプロセスで企業価値（ひいては株主価値）を長期的に最大化する」と考える点にある。本書のサステナブル経営とサステナブルファイナンスの接続の観点に最も近い運用スタイルといえるだろう。

2.2.2　インパクト投資

図表1-9で示したように、インパクト投資とESG投資の大きな違いは、財務リターン獲得の意欲の程度である。ESG統合型では「ESGの要素を投資対象の分析、ポートフォリオの構築、対話に含め」、それによって財務的な株式投資リターンを獲得しようとする。インパクト投資は、環境・社会的インパクトの追求を目的としているが、株式会社のメカニズムを利用してその事業自体の維持可能性を高め、目的達成を希求するものだ。環境・社会的インパクトの達成目標を設定し、それ自体がインパクト投資の対象企業の存在意義となる。財務リターン、つまり株式への投資リターンは、通常の市場並み以上を目指す。従来型の金融理論では、明らかにリスクが高い小型の事業主体に対して市場平均のリターンを要求すれば、資本コストすら回収できな

い状況となりかねない。その意味で、リスクに見合う高いリターンを諦める場合がある。ただ近年では上場企業の株式を対象にしたインパクト投資ファンドも登場し、インパクト追及＝ローリターンということでもなくなってきている。さらに未上場株式を対象としたファンドのなかには2桁台のリターンを出すものまである。投資の意思決定ではインパクトの意図、計測についても精査を行いインパクトウォッシュになっていないかを資金の出し手も見極める必要がある。

2.2.3 エンゲージメント投資

エンゲージメントは「目的ある対話」として、ベストインクラス投資や統合型でも利用されるが、ここでのエンゲージメント投資は、主要なリターンの源がエンゲージメントによる企業経営の変化である。具体的には、事業ポートフォリオの入替えを含む経営改革と利益率の増大、投資先に乏しい業態での余剰資金による増配や自社株買い（株主還元）と資本効率の改善などである。Chapter 3で、エンゲージメントやアクティビスト投資の紹介をする。

2.3 歴史的背景

これまでのサステナブルな金融に関する流れを整理する（図表2－5）と、当初この流れは、CSRという企業が倫理的に正しいことをする、いわゆるコンプライアンスや地域貢献などからの発想として始まったものが、ESGと呼ばれる志向に変わり、その背景にあったのは「このままでは持続不可能」という危機感であった。

より具体的にいうと、その危機感とは、企業自体が気候変動等に対応せずに事業を続けるのはおそらく不可能だろうという意味での危機感に加え、そのような企業に投資をしている機関投資家の、これまでの事業環境を前提として企業を分析するのでは不十分という危機感も含む。これにより、企業活

CSR重視（2000年代〜）

企業が**倫理的観点**から事業活動を通じて、自主的に社会に貢献する責任を追及

前提：倫理的に正しいことをする

特徴：コンプライアンス、社会的責任、地域貢献・慈善事業

ESG重視（2010年代〜）

企業が**中長期的な価値創造**のために透明・迅速な意思決定のもと、環境・社会の外部性との関係性を理解・説明

前提：このままでは持続不可能

特徴：リスクマネジメント＋事業・収益機会の獲得

サステナブルファイナンス志向（2010年代中盤〜）

金融と経済活動における透明性と持続可能性を担保し、**環境、社会課題の解決に向けて資金の流れを変化**させる

前提：このままでは社会の基盤が崩壊する

特徴：資金の流れの変化

インパクト志向（2020年〜）

企業活動の成果（アウトカム）を社会的インパクトと関連して説明することが期待される

前提：企業⇔社会（ダブルマテリアリティ）

特徴：社会価値と企業価値の両立

図表2－5 ▶ サステナブルな金融の流れ
出所：筆者作成

2006年	責任投資原則（PRI）（国連）
2012年	持続可能な保険原則（国連環境計画・金融イニシアティブ）
2014年	グリーンボンド原則（GBP）（国際開発金融機関／民間金融機関）
2015年	持続可能な開発のための2030アジェンダ（SDGs）（国連）
	パリ協定（第21回気候変動枠組条約締約国会議（COP21））
	気候関連財務情報開示タスクフォース（TCFD）（金融安定理事会）
2016年	ハイレベル専門家グループ（HLEG）の設置（欧州委員会）
2018年	HLEGによる最終報告書（欧州委員会）
	サステナブルファイナンスに関するアクションプラン（欧州委員会）
2019年	責任銀行原則（PRB）（国連環境計画・金融イニシアティブ）
	EUタクソノミーに関する技術報告書（欧州委員会）
	欧州グリーンディール（欧州委員会）
2021年	（改訂版）コーポレート・サステナビリティ報告指令（CSRD）（欧州委員会による承認）
	金融機関を対象としたサステナビリティ開示規則（SFDR）の適用（欧州委員会による適用開始）
2022年	ISSB設立（IFRS財団）、サステナビリティ関連財務情報開示に関する全体的要求事項（S1）、気候変動関連開示（S2）の草案を発表

図表 2 − 6 ▶ 責任投資からサステナブルファイナンスの主な流れ（策定主体）
出所：筆者作成

動の結果を投資の成果に結びつける機関投資家が「責任当事者」となった。具体的には、「私たちは、投資分析と意思決定のプロセスにESGの課題を組み込みます」と宣言する責任投資原則（PRI）への署名は、策定された2006年当初、95機関、純資産総額は8.5兆ドルであったところから、2021年では署名機関が4,435、純資産総額は130兆ドル[4]になった。その後、欧州におけるサステナブル社会へのコミットメントをきっかけに、証券会社や銀行を含めた金融業を幅広く巻き込んだサステナブルファイナンスの大きな流れが始まった。その流れは、予想不可能であったパンデミックを受け、社会のひず

4　https://www.unpri.org/about-us/about-the-pri

みがさらに浮き彫りになったことで、社会へのインパクトを重視した時代へと進んでいる。ESG重視、サステナブルファイナンス志向、インパクト志向は今後並存することとなるだろう。

　世界的なサステナブルファイナンスの波が本格化したのは、欧州委員会がハイレベル専門家グループ（HLEG）を設置し、その最終報告を基に策定されたサステナブルファイナンスに関する10のアクションプランが発表された2018年頃であろう。欧州委員会は、金融とサステナビリティ（社会の持続可能性）を接続させる包括的戦略として３つのテーマを掲げている。

1　持続可能な経済に向けて資本の流れを変えること
2　リスク管理においてサステナビリティを統合することを主流化させること
3　透明性と長期的視野を醸成すること

　アクションプラン７番「機関投資家の開示義務の明確化」を具現化した施策として金融機関を対象としたサステナビリティ開示規則（SFDR：Sustainable Finance Disclosure Regulation（EU Regulation on Sustainability related Disclosure in the Financial services sector））の適用が2021年に始まった。金融商品レベルではESGの取扱いの度合いによって「環境性・社会性を促進する（第８条）」か「サステナブル投資（第９条）」の適合性を目論見書、ウェブサイト、報告書で開示しなければならず、EU金融市場参加者が自分たちの取組みの見直し、単純なESGやテーマ型統合なのか（第８条）、よりインパクトを重視するなどのサステナブル投資なのか（第９条）を判断し説明する必要が出てきた。これにより「やっているふり」であるグリーンウォッシングを防ぎ、最終投資家にとってより透明性の高い金融商品の提供につながる。ということは、その中身である投資対象企業に対してもコーポレート・サステナビリティ報告指令（CSRD）による情報開示と相まってさらなる量と質の担保を求めていくことになる。

　サステナブルファイナンスの開示からみえる欧州におけるサステナビリ

ティの考え方について述べたい。2019年に発表されたグリーンディール[5]は、2050年までに欧州が世界に先駆けて気候中立を達成することを目指した包括的な政策案である。環境関連課題への対策とともに、資源利用と経済成長をディカップリングしたうえでEUを豊かにするとしている。この移行（トランジション）はJust（公正）でInclusive（包摂性）であるとした。これは、環境、経済、社会のすべての価値を重視している政策といえる。

CSRDにおける「ダブルマテリアリティ」といわれる企業の活動に関する開示の規制にもこの点が色濃く反映されている。つまり、ESGが経済、環境、社会的な課題を自社の持続可能性に当てはめて、対策、戦略を練るアプローチ（シングルマテリアリティ）だとすると、EUでは、企業が環境や社会に与える影響も考慮し活動し、開示することを求めるものである。

これは、2022年に国際会計基準（IFRS）財団内に新設されたISSBが設定する「サステナビリティ関連財務情報の開示に関する全般的要求事項案」および「気候関連開示基準案」の基盤となっているシングルマテリアリティの考え方と異なるものである。2つの基準は今後調和（harmonize）しステークホルダーの混乱を避ける方向になる見通しだ。

2.4 日本での変遷

図表2-7は政府策定のコード（行動規範）やガイドライン、会議体を中心にまとめているが、これ以外にも国内では2010年代半ばから一気にESG投資、その後サステナブルファイナンスにつながる公的、民間での動きが活発化した。詳細は他の文献に譲るとして、この一連の動きから読み取れる国内展開でのポイントをまとめる。

まず日本における本格的なESG投資の始まりは、第二次安倍政権（2012年12月～2020年9月）の新成長戦略（日本再興戦略）の主要政策の1つの柱に、

---

5 European Commission, The European Green Deal, December 11, 2019, https://eur-lex.europa.eu/legal-content/EN/TXT/HTML/?uri=CELEX:52019DC0640&from=EN

コーポレートガバナンス改革があげられたことがきっかけとなった。欧州のグリーンディールがそうであるように、企業のガバナンスに注目した一連の改革は成長戦略としての位置づけから関連する政府・民間、事業法人・金融機関、政府・政治を伴った動きとなった。2023年前半ではこれまでのガバナンス改革をさらに進めるための企業への要請、各主体の今後のアクションポイントをまとめたものが発表されている（図表 2 - 7 ）。

　次の大きなトリガーはGPIFによるPRIへの署名である。インベストメント・チェーンで示したように、資金の出し手（アセット・オーナー）である世界最大のわが国の年金がESGを取り込み、関係する運用会社（アセット・マネージャー）にESGを含めた責任投資活動（スチュワードシップ活動）を要請し、連鎖（チェーン）として金融サービス事業者、信託銀行、証券会社などでのESG展開が進んでいった。また、当時のCIOであった水野弘道氏は、PRIの理事に就任するなどグローバルでもESGを推進したことに大きく貢献

2014年	日本版スチュワードシップ・コード（金融庁2017、2020年）
	「伊藤レポート」（経済産業省2017、2022年）
2015年	コーポレートガバナンス・コード（東京証券取引所2018、2021年）
	年金積立金管理運用独立行政法人（GPIF）のPRI署名
2018年	投資家と企業の対話ガイドライン（金融庁2021年）
2019年	ESG金融ハイレベルパネル（環境省、2022年までに 5 回開催）
2020年	人材版伊藤レポート（経済産業省2022年）
2021年	サステナブルファイナンス有識者会議（金融庁、2023年 6 月までに16回開催）
	トランジションファイナンスに関する基本指針（金融庁・環境省・経産省）
2022年	GX実現に向けた基本方針（案）〜今後10年を見据えたロードマップ〜（内閣官房GX実行会議）（2023年にGX推進法が成立）
2023年	資本コストや株価を意識した経営の実現に向けた対応等に関するお願い（東京証券取引所） コーポレートガバナンス改革の実質化に向けたアクション・プログラム（金融庁）

図表 2 - 7 ▶ 日本におけるサステナブルファイナンスを促進する動き（関係主体／その後の改訂年）

出所：筆者作成

したことから、国内でも一気に理解が進んだ。

　筆者も直接GPIFの資金を受託した運用会社に在籍していたことから、2016年に専門部署の立上げを担い、日本におけるESG投資に係るエンゲージメントを推進した。その後、業界横断的なスチュワードシップ活動を推進する団体の発起人会社にもなり、初代運営委員長として活動した。インベストメント・チェーンを越えたESG、サステナビリティの広がりのなかで、自身の活動範囲がサステナブルファイナンス、サステナブル経営に対するアドバイザリーへと広がっていくことは、非常に自然なことであった。

　3番目に特筆すべき点は、コードや報告書がこの8年程度の間に複数回改訂されている点である。各回を経るごとにグローバルな流れにあわせて言葉の使い方も「ESG」とされていたものが「サステナビリティ」に変化し、総論から各論（たとえば、人的資本、知財無形資産など）、対象を大企業から中小企業、投資からファイナンス全体（投資家から銀行、生命保険、証券会社、公的金融）へと範囲を広げての議論に変化していることである。

　4番目に、EUでは欧州委員会が議論をリードしているのと対比して、日本政府では複数の省庁が並行して議論を進めてきている。内閣官房に設置されたGX実行会議はそれをハイレベルで統合する1つのかたちとなっているが、さらに一体的で本質的な議論の推進に期待する。これは国内の課題としてChapter 5で詳しく指摘したい。

　5番目に、日本のサステナブルファイナンスの拡大は間接金融への期待が大きい。なぜならば、日本企業の資金調達は借入れが46.6%[6]となっているからだ。その促進への貢献の例として環境省による2019年発表（2022年改訂）の「ESG地域金融実践ガイド」では課題整理や実践手順や実践ポイントを解説している。金融庁による2022年発行のディスカッションペーパー「金融機関における気候変動への対応についての基本的な考え方」は主に銀行と保険会社に向けられたもので、金融機関自身のサステナビリティの確保とともに、取引先企業の気候変動への対応とリスク管理に関して期待するポイント

6　日本銀行、2022年第2四半期の資金循環（速報）、2022年6月末時点

がまとめられている。

2.5 サステナブルファイナンス有識者会議で

　サステナブルファイナンスは加速化している。金融庁の主催で筆者もメンバーであるサステナブルファイナンス有識者会議が、いろいろな側面でこれを担保する必要があると議論している。2021年1月から始まった有識者会議には、投資のチェーンの参加者である運用会社、サステナブル経営へと転換を求められる事業会社、グリーンボンド等を通じてファイナンスを実施する際にアドバイス、仲介となる証券会社、グリーンファイナンスを供給し、自らも国内のサステナブルファイナンスを推進する銀行、企業のCSRやサステナビリティやリスクマネジメントの専門家、未来創造に造詣の深い大学教授などが参画する。2021年に中間報告（第一次報告）[7]、2022年7月に第二次報告書[8]が公表された。本書執筆時では第三次報告書に向けた議論がされている。

　第一次報告の目次には「基本的視点」と「横断的視点」として全体整理がされた後、「企業開示の充実」「市場機能の発揮」「金融機関の投融資先支援とリスク管理」と続く。第二次報告書ではサステナブルファイナンスを取り巻く諸課題をあげた後にサステナブルファイナンスの取組みの進捗と課題を第一次報告の側面から整理するとともに、インベストメント・チェーンのなかでもアセット・オーナーや個人に対する投資機会の提供ということでESGに関連する金融商品のあり方についても調査結果を明らかにしている。また、ESG投資のステークホルダーであるESG評価・データ機関やソーシャルボンドについても言及している。締めくくりとして横断的課題においては、EUにおけるタクソノミーのアプローチに対比させ、国内におけるトランジ

7　金融庁「サステナブルファイナンス有識者会議報告書―持続可能な社会を支える金融システムの構築―」2021年6月
8　金融庁「サステナブルファイナンス有識者会議第二次報告書―持続可能な新しい社会を切り拓く金融システム―」2022年7月

ションファイナンスの考え方を説明している。ほかにも技術開発やスタートアップへの資金循環に向けた環境インパクト評価の重要性や専門知見を有する人材の育成、多様なステークホルダーとの対話に言及している。

　トランジションファイナンスにおいても注目が集まるグリーンファイナンスと呼ばれる市場の規模は、グリーンボンドの市場であればここ9〜10年ぐらいで250倍ほどに成長しており、グリーン融資・ローンは約200倍の規模となった。また、関連する開示規制がさまざまに出てきているなかで、国際統一された基準を作成するISSBが設立され、そこで基準策定が始まるなどの動きがある。近年スタートした、サステナブル投資（株式）からサステナブルファイナンスへの流れが今後加速することは間違いないだろう。

2.6 インベストメント・チェーン

　サステナブル投資において意識されるのが、資金の出し手から投資先までをつなぐインベストメント・チェーンである。資金提供とその反対に発生する説明責任の連鎖（チェーン）をあわせてインベストメント・チェーンと呼んでいる。アセット・オーナーとは、企業年金、公的年金、生命保険など資産運用を行う際に自らの名義で資金の出し手となる経済主体を指す。これに対してアセット・マネージャーとは、信託銀行、投資顧問、投資信託、ヘッジファンドなど、アセット・オーナーの委託で資金運用を指図する経済主体を指す。いずれも広義の機関投資家とみなされている。企業年金、公的年金、生命保険に加え投資信託の最終受益者は個々人である。

　図表2−8の上部の矢印で示す資金の流れでは、年金基金をはじめとするアセット・オーナーが最終受益者から掛け金として資金を受託し、アセット・マネージャーに運用を委託する。アセット・マネージャーはアセット・オーナーから預かった資金をさまざまなかたちで企業に投資する。一方、説明責任については、企業は株主であるアセット・マネージャーに対して説明責任を負い、アセット・マネージャーは資金の委託者であるアセット・オー

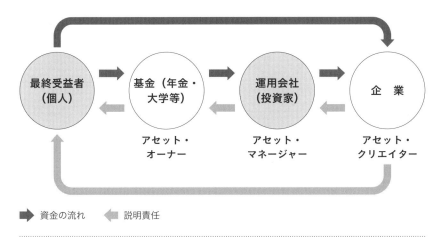

図表2-8▶インベストメント・チェーンにおける資金の流れと説明責任
出所：筆者作成

ナーに対して説明責任を負い、さらにアセット・オーナーは最終的な資金の出し手である最終受益者に説明責任を負うことになる。

アセット・オーナーとアセット・マネージャーによる上場企業へのスチュワードシップ責任とは、「機関投資家が、投資先企業やその事業環境等に関する深い理解のほか運用戦略に応じたサステナビリティ（ESG要素を含む中長期的な持続可能性）の考慮に基づく建設的な「目的を持った対話」（エンゲージメント）などを通じて、当該企業の企業価値の向上や持続的成長を促すことにより、「顧客・受益者」（最終受益者を含む。以下同じ。）の中長期的な投資リターンの拡大を図る責任を意味する」「機関投資家が適切にスチュワードシップ責任を果たすことは、経済全体の成長にもつながるものである」[9]とされる。それゆえ、アセット・マネージャーからアセット・オーナーへの報告は、「インベストメント・チェーンの機能発揮を促すため、最終受益者の最も近くに位置し、企業との対話の直接の相手方となる運用機

9　金融庁スチュワードシップ・コードに関する有識者検討会（令和元年）「「責任ある機関投資家」の諸原則《日本版スチュワードシップ・コード》～投資と対話を通じて企業の持続的成長を促すために～」2020年3月24日

に対して働きかけやモニタリングを行うアセットオーナーの役割が極めて重要である」[10]ので、「それと表裏を成すように、運用機関に対してもアセットオーナーへの説明責任遂行のため、スチュワードシップ活動に関する説明責任や情報提供の一層の充実が求められている」[11]ことに依拠している。

　個人が直接企業に投資をすれば、株主総会に出席して質問する、議決権行使を通じて意見を表明することも可能だ。しかし、インベストメント・チェーンでは、機関投資家が責任をもって、企業へ提供した資本の使われ方（経営方針や進捗などを含む）について理解し、改善の余地について対話をする。これがスチュワードシップ責任を果たすということである。このような資金と対話の循環が機能することで、企業の価値創造が高度化すると同時に、株式市場における投資リターンも中長期的に向上し、海外からのマネーも呼び込めると期待される。

2.7 ｜ 最終受益者と機関投資家

2.7.1　最終受益者を含む対話の重要性

　米国では、年金受益者など個人の声が機関投資家を動かし、企業が資本コストを上回るリターンを出す仕組み（G）や、脱炭素（E）や労働者の安全・衛生（S）を確保する企業へと資金が向かう流れがすでにできている。欧州でも、SFDR（サステナブルファイナンス開示規則）で運用会社がサステナビリティの観点からどのような活動をしているかを目論見書や定期報告で開示することが義務づけられているため、機関投資家は、年金資金のリターンと社会の持続可能性のバランスについて受益者に説明している。これは、投資家と個人の「対話」と位置づけられ、資金と対話の循環（改善を見守り

10　金融庁「コーポレートガバナンス改革の更なる推進に向けた検討の方向性」（『スチュワードシップ・コード及びコーポレートガバナンス・コードのフォローアップ会議』意見書(4)）2019年4月24日

11　「ジャパン・スチュワードシップ・イニシアティブ設立趣意書」2020年6月

ながら投資を続ける）が成り立つ仕組みを支えている。

　日本版スチュワードシップ・コード策定から8年以上が経ち、エンゲージメントの成果も企業の経営を監督する取締役会のあり方の改善（たとえば独立社外取締役の割合の向上）、ESGに関する情報開示の拡充、持合い株式の解消（によって少数株主の声が反映しやすい仕組み）など、より株主価値向上を促す企業の改善というかたちでみえてきたと評価できる。一方で、東証の改革スピードはまだ十分とはいえない状況でもある。

　今後、機関投資家の継続的な活動のみならず、最終的な資金の出し手である年金受益者や投信保有者など個人の「想い」と「ボイス」に期待したい。投資信託や年金の積立金などの資金は集まるほど大きな力となる。つまり、それが社会を動かすボイスになる。投資の連鎖（インベストメント・チェーン）に個人が参画し、企業の稼ぐ力、働く人の活用の向上、社外の視点を入れて経営する価値の重視、などに想いを寄せてこそ、企業における変革が促されることになろう。

　一橋大学とジャパン・スチュワードシップ・イニシアティブ（JSI）が共同で大学生408名に対し実施したアンケート調査結果がある。次世代の最終受益者の特徴を把握するうえで興味深い内容になっている。調査を実施した円谷昭一氏とジャパン・スチュワードシップ・イニシアティブは、「機関投資家にとっても中長期でのスチュワードシップ活動、投資戦略の立案に際しては最終受益者である将来世代の意識を知ることは重要であろう」と述べている[12]。

　大学生が資産形成において重視する視点として「中長期的な投資リターン」と「社会の持続可能性」の2つを選択させたところ、「投資リターン」重視が44.1％、「社会の持続可能性」重視が6.6％であり、「その両方」が49.3％となったという。さらに「その両方」と回答した学生に「どちらかと言えば投資リターンと社会の持続可能性のどちらを重視するか」と追加質問を行ったところ、76.6％の学生が「中長期的な投資リターン」と回答し、

12　円谷昭一＝ジャパン・スチュワードシップ・イニシアティブ「大学生のスチュワードシップ意識調査〜将来世代と機関投資家の連携の可能性〜」月刊資本市場No. 446（2022.10）

「社会の持続可能性」は23.4％であった。つまり「資産形成においてはまずは投資リターンを重視しつつ、それに加えて社会の持続可能性に配慮するという投資姿勢が明らかとなった」のである。

　インベストメント・チェーンが好循環していると思うかという問いに対しては、「しているとはあまり思わない」「しているとは思わない」で3分の2を超えた。その理由について「日本企業が持続的に成長していない、社会に対して十分に貢献していない」が43.9％、「最終受益者の金融リテラシーが低い（金融商品の目利きができない、年金基金等に対してきちんと意見を言える場がない、など）」が28.5％であり、「結果として企業業績が向上していないという点と最終受益者の金融リテラシーに改善点があるという意見が多かった」（図表2－9）。自由解答をあわせると「企業業績と最終受益者リターンの伸び悩みという2つの結果が出ていないことをもってインベストメント・

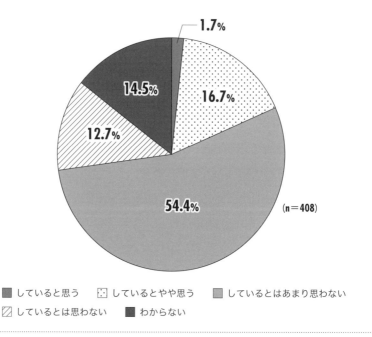

図表2－9 ▶ インベストメント・チェーンは好循環しているか？

出所：円谷昭一＝ジャパン・スチュワードシップ・イニシアティブ「大学生のスチュワードシップ意識調査〜将来世代と機関投資家の連携の可能性〜」月刊資本市場No. 446（2022. 10）

チェーンが好循環していないと判断していることが見て取れる」としている。

　別の質問から、大学生は、企業価値、投資リターンともに、もっとも重要な主体は「企業」であるとしているという。企業活動こそが企業価値そして投資リターンを牽引する原動力だと考えられている。エンゲージメント戦略の投資信託において、筆者が最終受益者と直接的な接点をもった経験とも整合している。「見方を変えれば、機関投資家は将来世代との連携によってこうした将来世代の貢献意欲をうまく投資戦略に取り込み、ひいては新たな投資領域の開拓の可能性があるとも解釈できるのではないか」との考察についても、運用機関自ら最終受益者のボイスを聞き、エンゲージメント戦略などで投資先の企業に届けることは有効であると考える。

　ここでは将来世代の一翼を担う大学生のスチュワードシップに対する意識は、「現状のインベストメント・チェーンはうまく機能していない」であり、「最終受益者が貢献できる部分が大きい」であった。「機関投資家と最終受益者である将来世代との新たな連携の可能性」を実現するように、将来世代への継続的な接触を望みたい。

2.7.2　日本におけるエンゲージメントの意義

　あらためて、エンゲージメントとは何かを思い出そう。「2.6　インベストメント・チェーン」でも述べたように、機関投資家は、投資先企業やその事業環境等に関する深い理解のほか運用戦略に応じたサステナビリティ（ESG要素を含む中長期的な持続可能性）の考慮に基づく建設的な「目的を持った対話」（エンゲージメント）などを通じて、当該企業の企業価値の向上や持続的成長を促すことにより、「顧客・受益者」の中長期的な投資リターンの拡大を図る。この「目的を持った対話」がエンゲージメントである。

2.7.2.1　投資家と企業の関係が変化

　第一に、日本において、投資家と企業の関係が変化している点をあげる。そこではまず、株主ガバナンスの機能の定着を指摘したい。戦後いわゆる銀行による融資先へのデットガバナンスの頃は、株主がまったくガバナンスに登場しなかった（銀行が主要な株主でもあった）時代であった。1980年代は資

本の自由化による海外企業の買収リスクを気にして持合い慣習が強まった。2000年代に、経営者は徐々にオールドファッションなやり方ではうまくいかないと気づいて、コーポレートガバナンスが話題にのぼり始めた。しかし、持合いの壁は厚く、株主ガバナンスというところにはまだ至らず、仲間内（日本国内、持合いグループ内など）での関係重視が続いた。その後緩やかに持合いが解消していく一方で、スチュワードシップ・コード（2014年）[13]、コーポレートガバナンス・コード（2016年）[14]を通じた改革が導入され、株主ガバナンスが機能し始めた。この時期に、投資家と企業の関係を中心とするコーポレートガバナンスの仕組みが明示的に導入され、特に機関投資家が上場企業に対して目的のある対話をする主体であると明確に認識されたといえる。

　次に、投資家が、株主として提供資本のリターンを求める存在であることを明確に自他ともに認識したことである。これは、株主ガバナンスの機能の定着と裏表の関係にあるが、株主として財務リターンに、スチュワードシップ活動を含め、対話・提言をする人が国内に増えてきた。いままでは安定的な株主（いわゆる安定株主や与党株主）という発想が中心で、株主のリターンへの興味や口出しは限定的であった。

　3つ目は、投資家による企業の価値創造への気づきの促進が重視されている点である。たとえば、最近よく聞くインパクト投資は、まさにこの点にかかわっている。そもそも資金の出し手であり情報分析と資金の分配が仕事である投資家は、自らだけでは価値創造や社会の課題解決ができない。これらは、アセット・クリエイターである企業が実行する。これを企業とエンゲージメントし、その生み出した価値を測定・モニタリングすることを含めて促進していく。これは、いわば従来型（機関投資家と上場企業）のエンゲージメントにおいての投資家の投資戦略も価値創造や課題解決を目指すものとなるし、先端を行くインパクト投資においてはさらに、エンゲージメントの価

13　前掲脚注12
14　東京証券取引所「コーポレートガバナンス・コード〜会社の持続的な成長と中長期的な企業価値の向上のために〜」2021年6月11日

値を社会的価値として見える化することで明確になる。インパクト投資の拡大と同期するように、従来型のエンゲージメントも注目される背景のなかにある。

2.7.2.2　アルファの源泉としてのエンゲージメント

アルファとは、株式リターンのうち、株式市場全体ひいては経済全体に依存するリターンではなく、個別企業の独自性に起因するリターンである。そもそも、株価リターンを市場全体のリターンを説明変数として回帰分析[15]したときに、切片（アルファ）が銘柄独自のリターンでプラスであることが期待されることから、アルファと呼ばれるようになった。

アルファの源泉としてのエンゲージメントの具体的な例は、筆者も携わったアクティビストの投資活動である。バリュー銘柄の掘り起こし、成長銘柄探しなどを含む伝統的な「足で稼ぐ」銘柄探しを中心とした「探す」投資手法には上場企業数の増大等による限界がある。もちろんAIなどのツールを使い情報処理能力を増やすこともできる（早耳情報ではないとしても公表された情報を素早く処理する）が、多くの投資家が取り入れることでその優位性が低下しやすくなる。結局、「人の手で探す」ことだけに依存し対話などをしない投資手法には限界がみえてきた。変われば大きな変化が期待できる企業へのエンゲージメントによって、変化にかかわることでリターンを大きくするという投資手法の効果が大きくなっている。

もう1つは、ESGを含む多面的な企業分析の必要性である。これまでのいわゆる財務指標を中心とした企業分析では、企業価値が全面的にはとらえきれないことがわかってきた。ある大手運用会社経営層から「最近運用会社でも人的資本活用強化が必要でもあり、価値向上の観点から少し組織を変え、大幅な人事異動をした」という主旨の話があった。そこでの発見は、アナリ

15　ファイナンス理論の代表的な株価リターンのモデルである資本資産価格モデル（CAPM）の実証分析では、個別銘柄のリターンから無リスク資産のリターンを差し引いた超過リターンを非説明変数、市場リターンから無リスク資産のリターンを差し引いた超過リターンを説明変数とする。CAPMの主旨、市場リターン、無リスク資産などの定義や現実的な実証分析の方法については、たとえば新井富雄＝高橋文郎＝芹田敏夫『コーポレート・ファイナンス』（中央経済社、2016）を参照。

ストという職種、つまり企業の情報を分析し、それを売り買いの推奨として
ポートフォリオマネージャーに提案するような、ファンダメンタルを中心に
分析をしている人たちのパフォーマンスが、ESGをあまり意識しない人か、
意識的にそれを取り込んで企業価値を評価する人かでパフォーマンスに差が
出てきていることだったという。「昔の考え方では、あまりESGを好まない
面もあるが、そこに目を向けないと、意外と分析結果が甘いということを、
投資の現場として感じている」とのことだった。これは、ESGの観点がアル
ファの源泉になってきて、分析のプロセス自体も変わってきており、その観
点をもったエンゲージメントが株価を上昇させる場合が出てきているという
一例だろう。

2.7.2.3　エージェンシー理論からスチュワードシップ理論へ

　いま、株主と企業経営者の関係の位置づけが、エージェンシー理論からス
チュワードシップ理論へと変わりつつある。エージェンシー理論は、株主が
オーナーで経営陣がエージェントであるという関係性に注目する。一方で、
スチュワードシップ理論では、共通のゴールに向かって内発的動機をベース
に、より多くのステークホルダーに価値を提供していく、すなわちスチュ
ワード・オブ・キャピタルとして経営陣が行動しスチュワードシップ活動と
して投資家が支援する。投資家と会社の執行側との関係性がこのように変わ
りつつあると考えられる。この点については、機関投資家の運用手法や投資
先企業の志向によって、状況依存的に変わってくる。たとえば、アクティビ
ストのような運用の考え方であれば、エージェンシー理論に基づくことが企
業と株主の関係であるケースが多いだろう。逆に中長期的なパッシブ運用や
アクティブ運用の投資期間中では、スチュワードシップ理論に基づく関係の
構築による中長期的な投資リターンと社会からの期待への対応によるシステ
マティックリスクの低減への貢献は高いと考えられる。

　以上がエンゲージメントが注目される背景である。

2.7.3　エンゲージメントの課題

エンゲージメントの課題をいくつか紹介する。筆者は運用会社においてエ

ンゲージメントを実際に経験した。その後、アクティビスト戦略のファンドでは専門チームがエンゲージメントを行っていたが、ファンド内部での議論の内容をフォローし投資先との対話を知ることができた。課題に対しては、運用会社ごとに向き合うことになるが、現時点での日本におけるエンゲージメントの課題を自らの経験等を参照しながら整理しておきたい。

第一に、「エンゲージメントの対象」という課題がある。エンゲージメントのテーマとして、たとえば環境や人的資本などについて、エンゲージメントの現場でその対象が執行側になってきている。人的資本活用であれば人事部門がどうなっているのかを聞きたいので、CHROとエンゲージメントすることはもちろんありうる。実際どうなっているのかを把握しにいかなければ全容がみえてこない対話のテーマはある。一方、株主と執行側という関係性を全うするのであれば、取締役会としての説明責任を担保しにいくことが優先されるとの議論がある。エンゲージメントをより深く広く実行しようとすれば、対象が広がっていくにもかかわらず、エンゲージメントにかかる人的リソースは急速に増加しないので、費用対効果つまり投資家側の投下資本と対話の効果の関係が厳しいものとなりうる。

次の課題として、「エンゲージメントの成果測定」がある。株価が上がれば一見わかりやすいが、具体的にどのくらいのスパンでどのくらい上がったら良いとするのかは明確には設定しにくい。たとえばアクティビストファンドであれば、1銘柄で50％以上のリターンが上がると期待する銘柄にしか投資、エンゲージメントをしないというルールを設定することはできる。500円の株が750円以上になれば良いというルールはわかりやすいが、理論的というよりも他のファンドとの競争環境などに依存する実務配慮であろう。

では、パッシブ運用の場合、エンゲージメントにおいてどのように株価の上昇について考えるべきなのか。また、経営者・企業の行動変容についてもどこまで株主として責任をもつのか、行動が変容したところで企業価値との関連性があるのか、いわゆるロジックモデルとして仮説があって動いているのか、を知る必要が増してくる。ある企業の社長とCFOが出席するスモールミーティングに参加した経験では、そのような場面でも課題はある程度認

識されていた。たとえば、その企業では、サステナビリティに関してもう少し企業がガバナンスの質を上げて速度を上げるべきという課題が認識されている。ところが、それについての手立てについては、「組織をつくりました」という話が多く、それがどういうロジックで企業価値につながり、どのくらいの時間軸でどのような成果をあげるのかという具体的な話が出てこない。そうなると、投資家としても社内でも、エンゲージメントの変化の成果測定を行って、長期的に進めていくということになりにくい。

　第三が「エスカレーション」（対話の強化）である。スチュワードシップ・コード導入から8年以上経ち、個別テーマの改訂へのニーズも一段落したようにもみえる。投資家からみれば、エンゲージメントしてもなかなか企業の行動変容につながらないケースが増えてきた。海外の運用会社ではしばしばエスカレーションの手段をスチュワードシップ・レポートなどで明示している。たとえば、ダイベストメント（投資引上げ）、Go Publicと呼ばれる、世の中に広くそういった問題がある会社を名指しでメディアなどを通じて知らしめるという方法もある。2022年のICGN Global Stewardship Disclosure Awards Under£60billionで表彰された南アフリカのCoronation Fund Managers[16]では、図表2−10の説明がスチュワードシップ・レポートのなかで開示されている。

　また、株主提案をする場合もある。エスカレーションについて、いま、日本のエンゲージメントにかかわる業界ではさほど明確に考えが進んでいるようにはみえない。企業の変化につながるものを探すことが課題である。

　第四に、「共同エンゲージメント」がある。スチュワードシップ・コードの改訂で具体案が出てくると期待されるが、いまのところ共同の株式保有と区別するなどについて、規制の解釈が海外ほどクリアではない。そうなると、共同でのエンゲージメントに躊躇する投資家も出てくるのは当然だ。4,000社ある日本の上場企業あるいは1,800社を超えるプライム市場上場企業にエンゲージメントしていくとなれば、ある程度の内容について、コモン

16　Coronation, "Stewardship Report", 2020, https://www.coronation.com/globalassets/repository/stewardship/coronation-stewardship-report-global-2020.pdf

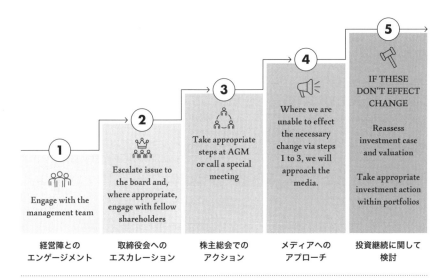

1	2	3	4	5
Engage with the management team	Escalate issue to the board and, where appropriate, engage with fellow shareholders	Take appropriate steps at AGM or call a special meeting	Where we are unable to effect the necessary change via steps 1 to 3, we will approach the media.	IF THESE DON'T EFFECT CHANGE Reassess investment case and valuation Take appropriate investment action within portfolios
経営陣との エンゲージメント	取締役会への エスカレーション	株主総会での アクション	メディアへの アプローチ	投資継続に関して 検討

図表 2 − 10 ▶ グローバル運用機関におけるエスカレーションの段階

出所：Coronationをもとに筆者加筆

（共通の）アセットあるいはベース（基盤）としてシェアしながら、後は各運用会社で差別化するような業界全体の仕組みがあってもよい。それに関連して、エンゲージメントにかかる費用に関して、個別のフィー体系がそれぞれの運用会社とアセット・オーナーとの間にあるが、コモンと差別化という視点で考えれば、業界としての資源配分が個社ベース、二者間契約のなかで決まっていて、アセット・オーナーは最終受益者のために運用コストの引下げ要求を高めてくる。そうなると、業界の資源配分をどう考えるのかが課題となる。グローバルでも課題であるが、特に日本国内でスチュワードシップ活動を多くの運用会社が行っているのに、株価が十分に上がらない、PBR 1倍割れの会社が引き続き多数存在する、という状況において課題は深刻である。運用業界として、諸外国に比べ、日本での共同エンゲージメントの活用は喫緊の課題である。

2.8 エージェンシー理論からスチュワードシップ理論へ

　村澤（2021）[17]では、経営者は組織志向的である、つまり「利己的存在ではなく利他的存在として捉え、組織目的の実現のために活動することが想定されている」と主張される。これは、日本の経営者のエントレンチメント（現状維持の塹壕にこもる）が批判された時期の「言い訳」と目された内容に近い。村澤竜一氏は「機関投資家は、企業の取り巻く環境や状況に応じて、適切な形で、コントロールとコラボレーションの二つのアプローチを用いる必要があることを認識しておかなければならない」と、状況依存的とも述べる。スチュワードシップ理論は、株主と経営者がステークホルダーの期待値を適切に理解している前提であるはずだ。その点で、欧米企業のトップがsteward of capital（責任ある資本の管理人）と自らを称してメッセージを発信することがある。彼らは、企業への資本提供者である投資家（財務資本）と内部のステークホルダーである従業員（人的資本）への価値提供を意識していることになる。スチュワードシップ理論は、それらの資本の適切な配分と価値創造に対するアカウンタビリティ（説明責任）を、インベストメント・チェーンのなかに求めている。

　投資家として現実に戻ると、一般に「エージェンシー理論的」状況であると思われ、利害調整は経営者が担うと想定される。小野塚・貝沼（2021）[18]は、基本的に顧客、取引先、従業員などとの利害調整を経営者がsteward of capitalとして能動的に行うことを期待し、企業価値を最も高めるステークホ

17　村澤竜一『機関投資家のエンゲージメント：協調型コーポレートガバナンスの探究』（中央経済社、2021）

18　小野塚惠美＝貝沼直之「ESG開示から見る統合報告書のあり方」アナリストジャーナル2021年11月号

ルダーに調整での重みをつけることをStrebel et al.（2020）[19]を引用しつつ主張し、統合報告書をその手段とすることを提案している。

　このような理論に対する現時点での現実との乖離については、⑴機関投資家が実質的なエンゲージメントができる会社数が上場企業全体に対して少ない、⑵機関投資家は本質的に「社外者」で情報の非対称性があり、研究開発等の機密に触れないまま適切な判断をすることが困難、⑶アセット・マネージャーは過当競争気味で、アセット・オーナーの価格支配力のもとにある日本で、アセット・オーナーとの信頼を築くむずかしさ、などがあり、実務家は理想に近づくための道筋を議論する必要がありそうだ。スチュワードシップとエンゲージメントの学際的な規範性の考察は、まだ始まったばかりである。

2.9 業界における取組み（ジャパン・スチュワードシップ・イニシアティブ（JSI））

　ここまで、サステナブルファイナンスが進展するために重要であるインベストメント・チェーンとアクティビストを含む機関投資家と企業の対話について、これまで起こってきたことやいま起きつつあることをみてきた。そこで、本節では、筆者の立場からみるスチュワードシップ活動と業界レベルでのデジタル化の構想を中心に、インベストメント・チェーンの今後の強化を目指す取組みを紹介する。特に、チェーンのなかでも機関投資家と最終受益者を結ぶ説明・対話の具体的なデジタル化のスタートとして、スマート・フォーマットの内容と共通化について説明する。さらに、今後、個社ではなく業界全体のDXを志向し、株式会社中心の経済全体のDXを促す可能性について述べる。

19　Strebel, Cossin, Khan, "How to Reconcile Your Shareholders With Other Stakeholders," MIT Sloan Management Review；Cambridge61巻4号（Summer 2020）：1－8

2.9.1 スチュワードシップ活動と業界レベルでのデジタル化

　筆者が発起人会社の一員としてかかわったジャパン・スチュワードシップ・イニシアティブ（JSI）は2019年11月に発足した任意団体である。執筆時点ではスチュワードシップ活動にかかわるアセット・オーナーかアセット・マネージャー、サービス企業など内資・外資60以上の団体が加盟する。設立の中核にあるのは、スチュワードシップ活動の日本への定着と高度化、そして日本株式（企業）がそれによってより魅力的な投資対象になることで、国民の資産形成の一助となればとの思いであり、業界横断的に取り組んできた活動である。日本版スチュワードシップ・コードが策定された2014年から３年後に第１回目の改訂が行われた。その際、原則１の指針が以下のように追加された。

　１－３　アセット・オーナーは、最終受益者利益の確保のため、自らスチュワードシップ活動に取り組むべきである

　１－４　アセット・オーナーは、運用機関による実効的なスチュワードシップ活動が行われるよう、運用機関の選定や運用委託契約の締結に際して、議決権行使を含め、スチュワードシップ活動に関して求める事項や原則を運用機関に対して明確に示すべきである

　これによりアセット・オーナーがより主体的に取り組んでいくという機運が高まった。インベストメント・チェーンにおいて要となるアセット・オーナーが積極的になることは業界として歓迎することであったが、実務面ではアセット・オーナーからアセット・マネージャーに対する期待値が上がると同時に報告業務に関する煩雑さが増したことも事実だった。実際に、筆者自身も企業との対話を年間150〜200社程度実施しながら小規模チームでレポーティングをすることは負荷がかかるとともに、ある疑問を抱いた。それまで15年ほど資産運用業務に携わり、事務部門でのレポーティング業務の経験もあったことから、資産運用業におけるレポーティングは継続的な付加価値を

提供し、取組みの差別化をアセット・オーナーに示すうえで、証券会社の残高レポートのような位置づけとは異なるものであるという認識をしていた。一方で、顧客ごとに複数の種類のレポートを月次、四半期、年次などで作成し、さらに運用コンサルタントへの報告も日本では対応している。オペレーション（事務部）の課長として、日本のレポーティングの複雑さが業務の生産性の課題として映るグローバルのマネージャーに対して説明するも理解は容易ではなかった。なぜ日本だけ個別のレポートを顧客が要求してくるのか、コンサルタントとはデータの電磁的な接続ができないかなどについて何度も質問され、説明しなければならなかった体験を思い出した。

スチュワードシップというのは、財産の責任ある管理人という仕事だ。それを日本に導入し、ESGというコンセプトを含めて新しい世界に向かっていこう、新しい世界になったので企業にも新しい発想でイノベーションを起こし、生産性、マージンを上げてほしいと対話をする運用会社のプロフェッショナルという立場である。にもかかわらず、従来型、個別、マニュアル対応を踏襲することに疑問があった。運用会社の都合だけではなく、インベストメント・チェーンの関係者において発想の転換を図り、より効率的で実効的なスチュワードシップ活動を業界に定着させ、日本の資産運用業界の力をもっと世界に知らしめ、日本の資本市場の活性化を図りたいという野心があった。JSIの発足に至ったのは2019年11月26日だったが、2018年1月頃から課題意識を業界の方々と草の根的に共有をした。

2.9.2　業界レベルでの組織化・デジタル化

スマート・フォーマットは、アセット・マネージャーが上場企業とのコミュニケーションの成果の共通部分を規格化・集計可能にしつつ質的部分の自由度を残し、アセット・オーナーに伝えるツールである。

JSIを通じて、業界として横断的に統一的なものにできないか、それをふまえてスチュワードシップという活動自体の意義と高度化を考えることができないか、を議論した。手弁当で2〜3カ月に1回、どんな方向性が探れるのか考え始めたのがスタートだ。資産運用業界やインベストメント・チェー

ン全体を取り巻く業務のあり方や発想が変わっていくべきではないかという課題意識が出発点だった。

2.9.3　スマート・フォーマット

次に具体的なデジタル化のスタートとして、スマート・フォーマットの内容と、共通化が内容の質の引上げにつながることを説明する。

スマート・フォーマットは、スマートにスチュワードシップ活動を行おうという趣旨で構想した。アセット・オーナーとしては聞かないといけない情報、アセット・マネージャーとしてレポートしないといけない情報はたしかにあった。顧客ごとにフォーマットがあったので、それぞれを比較して、必ずしも最小公倍数、最大公約数でもなく、意義のある基本的な項目から、良い項目を拾うまでして、レポートフォーマットをつくることにした。このようなフォーマットをつくっても、このフォーマットを採用するにはハードルがあることは認識していたが、当初のヒアリングでは総論前向きな反応が得られたものの、個別にはいろいろな反応があり、「いいことなんだけれども独自のフォーマットでいく」「ほかのアセット・オーナーが採用するならやる、ではやってみよう」などであった。

新しい時代に新しいことをやっているのに、旧式のままのやり方では意味がない、という強い思いがあった。JSIの前身であるスチュワードシップ責任推進委員会では、われわれのありたい姿をまず描いた。スチュワードシップ活動を通じて中長期的な株式投資のリターンをあげていくことをしたい。それに沿ったレポーティング活動がなされるようなやり方を考えていこうとした。いまできることとしてバックキャストしたときに、スマート・フォーマットという1つのかたちができてきた。

4つの章立てとして、まず、スチュワードシップに関する基本的な内容、エンゲージメント、議決権行使、変更点・課題、これらがドーナツ図の真ん中に据えられる。それ以外にも個別の年金基金が聞きたいことにはもちろん答えていく。ただ、同じ質問を、基金Aでは1のa、基金Bでは3のdで質問されてしまっては、転記する作業が発生するので統一化した。この過程

で、インフォメーション・チェーンのなかで協会のアンケートなどから年次で聞かれる質問について、たとえば議決権行使については、スマート・フォーマットを協会の規定として採用してもらえないかと掛け合い、投資顧問業協会と投資信託協会でアンケートのフォーマットを理事会での承認を得て採用に至った。

　2018年の段階ではまだ使われている割合は少なかったが、企業年金へのスチュワードシップの波が押し寄せていた。公的年金と比較すると理解に時間がかかっているようで、スチュワードシップとはなんぞやという状態だった。フォーマットとしてベースを示すことはスチュワードシップ活動のレベルを引き上げることにつながることを考えた。ベストプラクティスとして、あるいはナレッジシェアとなり、企業年金に使われ始めた。2022年時点では公的私的年金を含む100団体以上が採用をしていると聞いている。

　ここでは、スマート・フォーマットの活用について示す。作業チェーン全体を考えて設定した。アセット・オーナーからみて、アセット・マネージャー各社にフォーマットを投げてアセット・オーナーが集計して最終受益者に報告する。その前段階で、代議員会に報告する流れになっていることはわかっていた。スマート・フォーマットの特徴として、4つの章を集計できる表をシートとして備え、各マネージャーから戻ってきたスマート・フォーマットをExcelシートに貼ると、たとえばPRIに署名しているという質問に対して、1社はしている、2社はしていない、などといった結果が一目瞭然となる。アセット・オーナーとしては、このフォーマットを使ってアセット・マネージャーと対話できる。この例では、このアセット・マネージャーはPRIに署名したほうがいい、ということであれば、署名していないアセット・マネージャーだけになぜしないのかと対話の糸口として質問を投げかけることができる。このような仕組みづくりをした。対話と集計後に課題があればエスカレーション（対話の強度をあげること）ができる。

　スマート・フォーマットはExcelでのやりとりとなっており、共通のフォーマットであるから、アセット・オーナー、アセット・マネージャーにかかわらず、一括ダウンロードできるように、JSIのウェブサイトで公開し

ている。

2.9.4 共通化による内容の質の引上げ

スマート・フォーマットの意義とは、Excelのフォーマットをきれいにつくることではなく、どこが価値ある項目なのかに、業界全体が同意したことにある。そもそもスチュワードシップ・コードは日本株が対象だったので、まず日本株にあわせてつくり始め、今後は他資産にも目を向けることを期待したい。

任意団体で業界横断的に活動したところ、ステークホルダーが賛同してバックアップしてくれたことが大きかった。結果として、金融庁、厚生労働省、経団連に加えて権威あるグローバルなガバナンス団体であるICGNもオブザーバーとなっている。また、中立的な立場の事務局としてJPXと子会社のICJが加わってくれたことで、活動が洗練されていった。今後は、Excelではなくもう少し電磁的なかたちでできないか、全部まとまったかたちで開示につなげるとか、カフェテリア方式にしてコアを残し周辺を選択制にするとか、毎年行っているが項目についての入替えを電磁的にするとやりやすいだろう。

2.9.5 期待される貢献と課題

まず、個社ではなく業界全体のDXを志向し、株式会社中心の経済全体のDXを促そうとする共通プラットフォームの開発やすでに個社ごとに開示されているスチュワードシップ活動（特に議決権行使結果）の集約化によるエスカレーション機能の整備が考えられる。

また、国際的なスチュワードシップ活動との接続についても期待をしている。JSIではオブザーバーとしてICGNが参加を決めたほか、国際的な非財務情報開示基準の内容策定に係るISSB（IHSASB）とも協力関係にある。いまのところ、アセット・マネージャーからアセット・オーナーへのレポーティングに関しては統一のグローバル基準はないため、この取組みについても海外からの注目が高い。今後さらに日本におけるスチュワードシップ活動につ

いても海外に向けて発信し、さらなる高度化に向けたディスカッションへと
発展することを期待する。

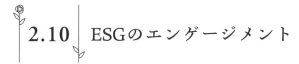

2.10 ESGのエンゲージメント

　ESGに関するエンゲージメントで重要となるポイントを述べよう。ESG投
資の新潮流がある。ESG投資は「3つの受入れ」のフェーズにきた。まず、
ESGだけをやっていればいい、すなわち「リスクマネジメントおよび事業の
収益化へ」から、サステナブルファイナンスすなわち「資金をどう持続可能
な社会に振り向けていくか」という時代になった。ESGは受け入れられてい
るが、どのように定義をするのか、で迷子になっている状況である。ESG投
資、インパクト投資、ESGインテグレーションといったときにどのことを指
しているのか、ある程度の共通認識を整理する必要がある、というのを対話
の現場で課題としてあげている。

　次に、「ESGはパフォーマンスに効くのか」というアセット・オーナーと
の対話のなかでの受入れである。コロナ禍でのESGのマテリアリティの部分
のところで、実際に財務リターンに効いてくることが事例で出ている。そう
であれば企業活動のほかの部分もあわせてリターンに効いてくるという一定
の受入れがあることを、投資家も企業も受け止めてそれに沿った開示をしな
ければならない。

　3つ目は最も重要で、企業のトップと取締役会における受入れである。か
なりの企業でESGの受入れは進んでいるが、企業のトップと取締役会に理解
してほしい。EやSというサステナビリティの課題は適切なGをもって正し
い方向と正しいスピードで動いていく（図表1-11参照）という全体感が細
かい分野に入り込んでしまっている議論が多いからこそ、引き上げて議論し
ないといけない。従来の日本企業はステークホルダーの価値はプラスだが、
株主価値はあまりないということであった。企業の経営者と取締役会への期
待としてはステークホルダーと株主の両方の価値を引き上げていくにはどう

したらいいのかへの方向づけ、インセンティブ設計である。欧米の企業は
オールステークホルダー主義になっていると理解する。大切なのは、持続的
成長と中長期的価値の向上を経営トップと取締役会の両方に期待するのであ
れば、株主価値とステークホルダー価値の両方にプラスであることが求めら
れることである。ただしそれが短期的価値を計測しなくてもよいという意味
ではない。オールステークホルダー主義が叫ばれるほど長期的な長い目線を
もつことが重要になっているということを理解している経営者は増えてい
る。一方で足元での株主や従業員や顧客への価値の提供をどう整理して価値
を追求していくのか、シェアホルダー、ステークホルダー間でのトレードオ
フについてどう考えるのかの説明がまだまだ足りない。

　特に社外取締役に期待することについて経済産業省からペーパー[20]が出て
いる。投資家が対話で経営者と異なる取締役に求めることは次のようなもの
がある。まず意識、だれのために行動するのか。現在、投資家は企業のIR
や社内の役員だけでなく、社外役員との対話の機会を求めている一方、アン
ケートでは、少数株主のためではなく経営者のためだという結果が出ている
ことに驚く。スキルに関しては、期待される役割のマッチングができていな
いと思われることも多い。短期的な価値も追求するなかで、会社が目指して
いる方向と取締役会の構成があっているのかを投資家がみるときに、スキル
マトリックスがないとむずかしい。また、株主総会通知などに記載されるス
キルマトリックスは取締役会（指名委員会）での現状を把握し目指す方向性
とのギャップ分析にも利用し、議論することを期待する。社外取締役とし
て、事業構造に関して問題意識があるが、その意識が適切にハンドルされて
いるのかというと、十分な議論ができていない。投資家（特にアクティビス
ト）はコングロマリットディスカウントや事業ポートフォリオについて社外
取締役の意見を聞きたいと対話を申し込んでくることも多い。

　最後に、ESGやサステナビリティについても企業価値（考え方の詳細は
Chapter 4）との関連のなかでどう扱うかについて、他社の取組みについて

20　経済産業省「社外取締役の在り方に関する実務指針（社外取締役ガイドライン）」2020年7月
　　31日

みる機会もある社外取締役は、積極的な関与が期待されている。その際に経営者へのインセンティブ付けについても適切なKPIの設定などもふまえて考えていくべきである。

2.11 日本への期待

　機関投資家の働きかけにより企業価値は向上している部分もあるが、ESGの観点からすると日本の優先順位は引き続きGであろう。

　2022年10月に公表となった「ICGNの日本のガバナンスに関する優先課題」[21]では、「特に過去10年間に日本で実施された積極的なコーポレートガバナンス、投資家のスチュワードシップ、企業報告および監査の改革を評価」しており、海外投資家が30％を占める市場であることから日本は重要性が高い。一方で、以下の５つの提言について2019年から変更されていない。つまり継続課題としている。

1　企業報告
2　取締役会の独立性
3　取締役会の実効性
4　資本配分
5　CEO及び役員報酬

　特に「2　取締役会の独立性」では、「すべてのプライム市場上場企業の取締役会に少なくとも３分の１の独立取締役が任命され、独立取締役の過半数が妥当な期間内に任命されること」として経営の監督機能における独立性が不十分としている。加えて、多様性の向上や取締役会議長がCEOとは別であることを期待している。

　また、「4　資本配分」については方針の開示と取締役会における毎年の見直し、政策保有株式の削減計画の開示とともに、取締役会は、事業単位の

21　「ICGNの日本のガバナンスに関する優先課題」

投下資本利益率（ROIC）と資本コストをふまえて事業ポートフォリオを毎年見直し、非戦略的資産を保有する理由を明確に開示すべきであり、配当性向が他市場に比べて保守的な日本では、株主還元の根拠を明確に開示する必要があるとしている。

　これらの継続提言は、引き続き機関投資家と投資先企業の対話の対象となるとともに、企業の、特に取締役会の責務遂行の厳格化による株主への説明責任と企業価値（株主価値）向上への期待の表れとしてとらえることができる。

Chapter 3

サステナブル経営と
サステナブルファイナンスの接続

　これまで四半世紀にわたって金融業界にいた私は、金融からみた事業や社会の持続可能性を語り伝えようとしてきました。金融の立場から「持続可能性」を語るのは、投資家側がリスクとリターンの精査を含めて企業に資金を預ける営利的な価値創造とともに社会の改善を期待するからです。企業経営からみると、個々の企業が描く未来の世界とありたい姿に向かって営む事業があるでしょう。経済の潤滑油といわれるマネーは、事業経営において「色のない」ものとみられてきたかもしれません。しかし、サステナブルな社会の構築のためには、それを成長機会ととらえる資金提供者が想いを込めて預ける先を探すこと（サステナブルファイナンス）と、経営者が、社会や投資家の想いにもアンテナを張りながら、新規成長分野への進出などを図ること（サステナブル経営）の両方が必要です。この観点から、本Chapterでは経営とファイナンスの接続についてみていきます。機関投資家（株主）と企業経営者との対話が、事業ポートフォリオの見直しなどを含む大胆な経営改革につながることで、日本企業のサステナブル社会実現への取組みが強い競争力につながるでしょう。

3.1 | 哲学的視点を経営とファイナンスの接続点に

※本節は、東京大学UTCP講演記録（山野弘樹）「ビジネスの哲学化　なぜ企業経営に哲学が必要とされるのか？」（2022年3月）に寄稿した「ESG課題と哲学的発想」に加筆したものである。

本Chapterのはじめに、サステナブル投資や、サステナブル経営がなぜ「いま・ここ」に現れたのか、その内容が浮ついているのではないか、などと腹落ちしない読者に、哲学的な立ち位置を伝えておきたい。ごく簡単に答えをいうと、金融であれ事業会社であれ、「持続可能性をビジネスのなかに置く」ということは、人や会社の行動に1つだけの答えを求めることではなく、社会や組織内での対話を重視し、思索をめぐらせて、一歩一歩行動につなげていくということだ。このような歩みは、プラトンの「対話」の重視を例にとってもわかるように、哲学者たちが人や社会へ思いをめぐらせて働きかけてきた態度と同じだと考える。

　まずファイナンス側からみてみよう。Chapter 1、2で述べてきたように、サステナブル投資は維持可能性の観点からの上場企業への株式投資、ESG投資、サステナブル投資ともいわれ、企業や社会の持続可能性に注目し、それを成長機会とみて行う投資であり、慈善事業への資金提供ではなく社会の持続可能性と投資のリターンを両立させる考えに基づいている。ESG投資の主流は、ESGの要素を運用活動の各段階（投資対象の分析、ポートフォリオ構築および投資先との対話）に含め、平均以上の財務リターンを追求するものだ。いま、金融・投資業界は、サステナブル投資で財務リターンを追求するなかで、社会や環境への良い影響をも追求していく方向にある。つまり、サステナブル投資は、金融事業そのものの持続性を追求する商品といえる。

　そして企業側をみてみよう。いまや、ESGすなわちE（環境）とS（社会）とG（ガバナンス）が、投資家の仕事としてだけでなく、投資される側の企業の経営にとっても重要になってきた。企業の業績にとって投資家の視点と

して示されたESGファクターが重要になってきたからだ。企業経営がESG課題に上手に対応することで、企業の競争力や差別化につながるようになってきた。

　いま、ESG投資が加速する背景を確認しよう。欧米において顕著に観察された事態とは、企業の短期的利益の最大化がビジネスの目的となってしまい、その裏側に「利益をあげ株主分配を増やせ」という声高な投資家がいて、経営者側も頑張ったところ、ビジネスモデルがコスト最小化、（サーキュラーエコノミーに対して）リニアエコノミー（使い捨て）となり、環境資本をつぶしても利潤をあげるということに邁進してしまったことであった。ここ数十年というだけではなく、そもそも産業革命以降の工業化、一般大衆を含む株式会社化（鉄道や鉄鋼業などへの小口リスク資金の融通）でみられた現象だ。

　その結果、社会課題が顕著になってくる。会社ごとに温室効果ガスを排出する、生産拠点を新興国に動かすなどもともとはミクロの課題であったのが、自然災害、異常気象に加え、大気汚染を起こして人々の安全・衛生問題になったり、低賃金問題が発生したりと、マクロ問題つまり社会課題へと発展してしまった。近年のコロナ禍でそれらがさらに表面化してきた。政情不安や人権問題についても、もともと火種があり悪影響はみえていたが、コロナ禍で表面化し認識が進んだ。並行して、新潮流（マクロトレンド）として、人口が世界全体としては増えても、地域により高齢化し労働人口減が進んでいる。テクノロジーもいままでにない速さで進化し、Society 5.0（産業革命が4.0だった）が叫ばれる。コロナ禍を背景に中央銀行が成長機会に対して過剰に資金を供給しお金がじゃぶじゃぶになるなかで、どの分野への投資に回されるべきか迷う状況になってしまった。一言でいえば、工業化以来の環境・社会課題が社会基盤をも揺るがすような状況になっている。企業は営利団体ではあるが、こういった自分たちだけでは解決できないグローバルな課題に対応することを求められている。政府や国際機関の能力が限定的な状況下で、企業自身が経済価値と社会価値のバランスをとることが重要となったのである。

夫馬賢治氏のニュー資本主義[1]という考え方がある。いろいろな流れのなかで揺れてきた資本主義を彼の4分類モデルでみると、いまは「環境・社会への影響考慮に賛成」「考慮して利益を高める」象限の「ニュー資本主義」へ進んできているといえそうだ。「ニュー資本主義」象限のなかには、サステナブル経営、ESG投資、サステナブルファイナンス、長期思考経営が含まれる。そこから利益が増えることがあるとすれば、「それは将来の機会やリスクに先手を打っているから」「じわじわと悪影響が及ぶ」なかで先手を打つことが重要となる（夫馬氏）としている。もっとも、企業が自然環境に対する対応を深めていく、すなわちCO_2削減に取り組む、あるいはダイバーシティに取り組んで従業員のさらなる育成を図るといったところで、急に明日から株価や利益があがるという話ではない。しかし、じわじわと効いてくる好影響に対して、いまから取り組むことが必要、と考えられる。

　投資家も企業も、さまざまなステークホルダー（利害関係者）との対話が重要だ。サステナブルファイナンスやサステナブル投資の世界では、ステークホルダーは株主だけではない。企業は、お客様、投資家、従業員、環境・社会的課題対応を推進するNGO、NPO、政府などと、いろいろな対話をする必要がある。その時、投資資金の流れのなかでのステークホルダーを押さえておくことは重要な考え方だ。筆者が所属した外資系運用会社やアクティビストファンド運用会社は、資金を上場企業に投資しているが、実はそこに絡むお金と情報の流れがあった。インベストメント・チェーンの出発点は個人で、個人が出した年金拠出（掛け金）をまとめて運用会社が企業に投資する。あるいは個人が投資信託を買うことを通じて出したお金をまとめて企業に投資する。いまは個人が企業に直接投資することもあるので、企業としては、機関投資家だけに説明する、機関投資家のほうだけみた活動では成り立たない。最終受益者である個人までみて、財務面・非財務面からの説明責任を果たさなければならないようになっている。

　これまであまり知られることのなかった哲学の知見をビジネスに生かそう

1　夫馬賢治『ESG思考—激変資本主義1990−2020、経営者も投資家もここまで変わった—』（講談社、2020）

という試みが増えている。これを哲学のビジネス化と呼び、新しい経営の思考法のアプローチといえなくもない。一方で、いま目の前にあるビジネスを哲学の視点から把握して関係者が思索を豊かにしようという試みもある。これがビジネスの哲学化である。筆者がサステナブル投資とサステナブル経営を考えるときに、「哲学のビジネス化」ではなく「ビジネスの哲学化」に共感する理由は、「社会課題や地球環境の解決は1社ではできない、究極の1つの解があるわけでもない」という認識にある。哲学という言葉に含まれる、対話、本質に迫る行為・活動が重要になっている。企業が課題解決への答えととるべき行動を探すなかで、創業の意図を問い直す、企業の理念やパーパス（目的、存在意義）が重要になる。外から客観的にみたときにパーパスが何なのかを問い直しかつ発信していく必要が認められてきている。

　もう1つは、そうしたビジネスでの環境や社会の持続性の解決努力の結果として何が現れているのかをみることができることだ。最近の研究結果[2]の1つは、長期的視野で企業にとって重要な社会や環境の課題解決に真っ向から取り組んでいる会社の株価は、そうではない会社の株価パフォーマンスより良かったことを示した。もう1つ[3]は、コロナが起こったときに人的資本、従業員の働き方、デジタル対応ができている会社の株価低下が相対的に少なかったという結果だ。具体的な問題に出会う前に企業がパーパスを考えることが、株価という1つの指標に結果として示されるようになってきている。これは株式市場を通じて、投資家が「その企業行動が価値を高める」ことに賛同を示しているのだと考えられる。それゆえ、世間知に流される目先の経営ではなく、企業として社会にもたらすものを存在意義として考える、つまり本質を追求する経営をするほうがよい。この意味で、哲学という活動を事業に含め、思索を深めていくことを企業経営者に勧めている。

2　Emily Steinbarth and Scott Bennett, Russell Investments "Materiality Matters : Targeting the ESG Issues that Impact Performance," Harvard Law School Forum on Corporate Governance, 2018, https://corpgov. law.harvard.edu/2018/05/10/materiality-matters-targeting-the-esg-issues-that-impact-performance/
3　Alex Cheema-Fox, Bridget R. LaPerla, Hui (Stacie) Wang, State Street Associates; and George Serafeim, Harvard Business School "Corporate Resilience and Response to COVID-19," Journal of Applied Corporate Finance, Vol. 33, No. 2 (Spring 2021)

3.2 非財務情報開示を経営改革への接続点に

※本節は、月刊・金融ジャーナル2022年1月号に寄稿した「ESG投資の現状と課題—脱炭素を経営改革のきっかけに—」に加筆・修正したものである。

　Chapter 1 では、サステナブル経営について「株主（企業のオーナー）をはじめとするステークホルダーに価値を提供しながら持続可能な社会への貢献を目指す経営」と定義した。さらに「コンテクスト」や「自然資本」などを考慮しながらも、競争的に経営することになる、とした。言い換えると、長期的視野の真っ当な投資家（つまりESGの視野を統合した投資家）とサステナブル経営を通じて社会課題を解決する観点から事業ポートフォリオを大胆に変更しようとする企業とは、価値最大化で矛盾しないと考える。本節では、ESG投資の観点から投資家が求めるサステナブル経営と経営改革への期待を述べる。

3.2.1　脱炭素に示されるサステナブル経営の具体的課題

　投資家が短期的な利益最大化ではなく長期的な事業の持続性を重視し始める一方で、企業経営も会社ごとの温室効果ガス排出、人々の安全・衛生問題、低賃金問題などの発生で、個社では解決できないグローバルな課題に対応することを求められることになった。解決策としてのサステナブル経営は、事業領域の再構築を伴う経営改革となるはずだ。たとえば、脱炭素の観点では、世界の政府が電気自動車を中心とした社会をつくろうとするなかで、自動車部品会社がエンジンから電池などへと事業ポートフォリオを変えざるをえない。

　2021年11月に英グラスゴーで開催された国連気候変動枠組条約第26回締約国会議（COP26）期間中に国際会計基準（IFRS）財団が国際サステナビリティ基準審議会（ISSB）の正式発足を発表した。これは、これまでアルファベットスープといわれるさまざまな開示基準やフレームワークの存在でESG

投資が複雑になりすぎていたことを懸念するステークホルダーからの「世界基準」のベース策定への期待に応えるという大きな転換点となった。そのなかで注目すべきは、サステナビリティ関連財務情報の全体的な開示プロトタイプにある、環境・社会の課題が企業にとって短・中・長期にわたり企業のビジネスモデル、戦略、およびキャッシュフロー、資本コストに与えるリスクと機会になるという観点からの開示を求めている点だ。これはサステナブル経営におけるファイナンス的要素に注目することを促し、実質化の後押しとなるものと筆者は考える。

3.2.2 非財務情報の開示から経営改革へ

サステナブル経営として、経営戦略にサステナビリティ思考を取り込むための具体的な提案として、『サステナブル経営と資本市場』[4]では、まずサステナビリティを「企業経営全般にとっての持続可能性」と絞りこんだうえで、SASB（サステナビリティ会計基準審議会）アプローチの経営戦略策定を提案し、「SASBアプローチを活用することによって、経営戦略の策定段階において、資本市場のプロフェッショナルが業種・事業のポイントだと考えるトピックス、経営指標を踏まえた経営戦略を策定できる可能性がある」と述べ、ESG投資とサステナブルな経営戦略の策定を対話によりつないでいる（1.2参照）。ちなみに、2021年6月にInternational Integrated Reporting Council（国際統合報告評議会）とSASBは合併し新団体「Value Reporting Foundation（VRF）」を設立、さらに2022年8月にIFRS財団と統合されInternational Sustainability Standards Board（ISSB）がスタートした。現在でもSASB Standards（サステナビリティ会計基準）は、ISSBの傘下でその名を残し、基準の日本語への翻訳がされている。

こうなると、ESG投資の最大の課題は、投資先企業の非財務情報の開示と経営改革の「対話による関連づけ」となる。筆者が参加する金融庁のサステナブルファイナンス有識者会議は、その報告書で、プライム市場の上場企業

4　北川哲雄＝佐藤淑子＝松田千恵子＝加藤晃『サステナブル経営と資本市場』第9章〔加藤〕（日本経済新聞出版社、2019）

に対し「国際的に確立された開示の枠組みであるTCFDまたはそれと同等の枠組みに基づく開示の質と量の充実を進めるべきである」と主張し、コーポレートガバナンス・コードのなかに取り入れられた。TCFD（気候関連財務情報開示タスクフォース）の規定に基づく開示が、企業の経営改革への気づきの１つとなりうる。経済産業省では、筆者もメンバーである「非財務情報の開示指針研究会」が「非財務情報の利用者との質の高い対話に繋がる開示、および開示媒体の在り方について検討」したいと目的を述べている。この研究会は、投資家、企業、学者など幅広いメンバーで対話と開示のあり方を議論し、2022年３月にIFRS財団が公表したISSB公開草案についての意見書[5]を取りまとめ、IFRS財団に提出するなどの活動を続けている。さらに、小野塚＝貝沼（2021）[6]は、開示媒体としての統合報告書に注目し、非財務情報を含むことで重要なステークホルダーへの情報を幅広く取り扱うことができる統合報告書こそ、企業による長期的株主価値増大のためのステークホルダーマネジメントのツールの１つであると位置づけた。たとえば、電気自動車が主流になるのであれば、自動車産業では内燃エンジン事業を見直す経営改革が必要となろう。統合報告書は、従業員や取引先を含む幅広いステークホルダーのなかでも、長期の企業価値向上に資するステークホルダーとしての株主との対話のツールであるのみならず、さまざまなステークホルダーへの配慮と対話への材料を提供することができる。幅広い内容とツールによる非財務情報の開示拡充を通じて、インベストメント・チェーンにおける投資家と企業の対話の充実による企業の経営改革の可能性を高めたい。

3.2.3　サステナブル経営への前進

　ESG投資は、投資家に財務リターンをもたらすとともに、投資先企業のサステナブル経営を通じた経営改革を促すと期待される。日本の上場企業の多くが、単に義務的に非財務情報の開示などに取り組むのではなく、サステナ

5　非財務情報の開示指針研究会「ISSB公開草案に対する意見書」2022年６月29日、https://www.meti.go.jp/shingikai/economy/hizaimu_joho/pdf/20220629_1.pdf

6　小野塚惠美＝貝沼直之「ESG開示から見る統合報告書のあり方」アナリストジャーナル2021年11月号

ブル経営へと前進していくことを望む。具体的には、企業が、SASB Standards等の仕組みを利用した経営改革と投資家との対話を通じて、脱炭素を含む環境配慮に対応し、売上げ・利益増、コスト・リスク減を実現するための事業ポートフォリオの構築を実現し、経済・社会の発展に資することを期待している。SASBアプローチの活用など経営の観点からみた詳細については、「1.2　サステナブル経営の位置づけ」で示した内容となっている。

3.3 対話を価値伝達の接続点に

※3.3〜3.6は、企業会計2019年11月号（中央経済社）に投稿した「投資家と企業はどう対峙すべきか」を抜粋・加筆・修正したものである。

　筆者は、企業と資本提供者としての投資家の関係が新しい時代に入っていると考えている。ESG投資やスチュワードシップ責任として機関投資家の社会的責任が認識され、企業からみれば、従業員・取引先・顧客などの輪のなかに投資家が入ってきた。企業の価値を伝えるためには、一方的なプレゼンテーションや説得ではなく、双方向のダイアログが有効である。ダイアログのなかでも目的をもった対話をエンゲージメントと呼ぶことが多い。投資家のもつ目的意識には、投下資本へのリターンの改善があり、アジェンダとしては、取締役会の独立性の向上、不採算事業の売却、多様性の向上などがある。投資家と企業が意味のある対話を行うためには、企業が財務・非財務を含めた経営戦略をその存在意義（パーパス）とともに、説明することが期待されている。

3.3.1　企業と投資家の対話の始まり

　渋沢栄一は、国内では経験が不足している鉄鋼や繊維など当時の新しい成長業種で、豊富な知識を生かし経営者としても機能する資本提供者（大株主）として、経営への参画から経営陣と株主との利害調整まで幅広く活躍し

たようだ[7]。日本の未来を見据えて求められる産業を育成するという目的を明確にし、そのための経営ビジョンや方針を示して、大株主同士や株主と経営者の利害調整に乗り出す心意気は、長期的視点に立って、社会課題解決と提供した資本への財務的なリターンの両方を目指す（いわゆるダブルボトムライン）現代においても同様の意義をもつものであると考える。ただし、明治期と異なり、現代の上場企業では、経営者かつ個人大株主という存在はそれほど多くはない。株式会社と市場の仕組みは、上場企業の専門的経営者と機関投資家の関係としてとらえられよう。

　戦後の歴史を振り返ると、まず資本の民主化で財閥解体と株主の小口化が進んだ後、1970年前後から資本の自由化と、その裏側で外国資本による経営権取得をおそれての株式持合いの強化、系列化などが、段階的に進んだ。1980年代から通信やソフトウエアなど持合いを利用しない新業種が増える一方、1990年代後半の金融危機を通じて金融機関の持合い解消が進むなどしてきた。また、1990年代後半からの外国人投資家の積極的な参加、年金資金の運用自由化、2000年代のGPIF（年金積立金管理運用独立行政法人）設立などを通じて、株式市場での機関化が進んできた。こうして、1990年に14.5%であった機関投資家（ここでは投資信託や年金等を含み持合いにかかわりが薄い信託銀行と外国法人等のみ）保有額は、最近では53.3%（2021年度株式分布状況調査[8]参照）に達した。さらに、専門家に委託される株式運用資金の増加とかかる費用の観点から、運用のパッシブ（投資先を選ばずに株価指数と同じように買いそろえる）化が進んだ。

　このような環境の変化のなかで、企業と資本提供者としての投資家の関係も新しい時代に入っている。現代にも生きる渋沢の精神は、株主あるいは未来の株主である「機関化」した投資家と経営者が、長期的な事業環境をふまえた企業の存在意義（パーパス）を共有し、普段から企業・産業の未来さらには社会課題と対応策を通じた事業活動について議論することこそ未来を見据えた、目的のある対話を行うことのなかにあるのではないか。

7　島田昌和『渋沢栄一　社会起業家の先駆者』（岩波新書、2011）
8　東京証券取引所ほか「2021年度株式分布状況調査の調査結果について」2022年

外部者である機関投資家との対話では、その前提とすべき経営情報の開示が重要となる。経営者は、資本を預かり事業領域を生かして適切に経営し社会に利益を還元するスチュワード責任をもつという観点から、多様化するステークホルダーに経営情報を発信することが求められる。専門家として株主を代表する機関投資家は、企業の価値創造の評価の観点から、開示内容のみならず開示方法（財務・非財務の書類、法定・任意書類、説明会・書面など）についても適切なものとなるように対話を通じて働きかけることが重要となる。

3.3.2　対話がこれまで以上に起こっている背景

CSR（企業の社会的責任）にかわってESGという言葉が台頭し、コーポレートガバナンス・コードの上場ルール化やスチュワードシップ・コードに基づく投資家の対話要請などが増加し、理解と対応に苦慮することが多いと考えられる。ここで企業がESGという潮流を理解するための重要な鍵は、従業員・取引先・顧客などの輪（ステークホルダー）のなかに、新たに投資家が入ってきたという点だ。事業と財務インパクトとが直結した視点を要求するESGの世界では、いかに企業がもつ価値を資本の提供者（投資家）の文脈に翻訳し、対話、開示をしていくか、が企業の説明責任（アカウンタビリティ）であり、その優位性が差別化につながると考える。

社会課題あるいは共同体からの要請の例として、伊藤レポート[9]がアベノミクスの文脈で示された。ここでは当面の日本企業のマテリアリティ（重要な項目）は稼ぐ力とされた。その実施手段の1つにコーポレートガバナンスとスチュワードシップ・コードという2つのコードが提案され、前者は上場企業の上場ルール、後者は主要投資家からの署名（受入れ宣言）となった。さらに伊藤レポート2.0[10]ではESG投資・責任投資にシフトした。このような流れのなかで、事業会社も投資家も、未来の「ありたい姿」を描くことで

9　経済産業省「持続的成長への競争力とインセンティブ～企業と投資家の望ましい関係構築～」2014年

10　経済産業省「持続的成長に向けた長期投資（ESG・無形資産投資）研究会報告書」2017年

いまなすべきことを考える（バックキャスティング）などESGを通じたより
よい未来のあり方を考える手法を相互に理解することとなってきた。ESGが
CSRと異なる点は、企業の良き市民としての行動責任を越えて（投資の世界
ではメインストリーム化といわれるが）、企業の価値創造すなわち事業との関
連性を強く意識することだ。

3.3.3　対話の活発化の背景

　なぜ投資家がこれまで以上に非財務あるいは長期的視点の対話を経営者と
行い始めたか、という点について、3つのポイントがある。1つ目はパッシ
ブ運用への資金流入の拡大だ。これは運用手法の1つで、ベンチマークであ
る株価指数、たとえばTOPIXに含まれる企業すべてに投資する。たとえば
ある業種のなかでもA社やB社ではなくわざわざC社を投資対象として選ぶ
のがアクティブ運用だとすると、運用調査等費用が高い方法となる。公的年
金が2014年以降、内外株式への投資を拡大させた際、その中心はアクティブ
運用よりもむしろパッシブ運用の増額が中心となった。2022年のロシアのウ
クライナ侵攻頃のボラティリティの上昇時期でも、投資信託の資産残高は、
アクティブ運用では減少したのに対してパッシブ運用は増加した[11]。また、
日本銀行による金融緩和において、指数連動型ETFが継続して買い入れら
れている。パッシブ運用では、運用者のベンチマークとなる株価指数にその
会社が含まれる限り、投資家は半永久的にその会社に投資をすることにな
る。そうなれば、パッシブ投資家（運用会社とそこに資金を預けるアセット・
オーナー）は企業の長期のあり方が投資成果の根底にあることになる。現在
日本を代表する公的年金であるGPIFは日本株の保有資産の9割以上がパッ
シブ運用となっている[12]。このような資金にかかわるプロフェッショナルが
長期的な視点をもって企業経営を気にすることは当然だろう。
　2つ目は、PRI（責任投資原則）を通じて最終投資家の責任投資への期待

11　モーニングスター「市場変調下でも純資産残高拡大続くパッシブファンド、低コスト米国株
　　ファンドけん引役に資金流入継続」
12　年金積立金管理運用独立行政法人（GPIF）「2021年度　業務概況書」2022年、99頁

が大きくなってきていることだ。PRIに署名している金融機関は2021年時点で3,500社を超え（日本サステナブル投資フォーラム[13]の調べでは、日本におけるサステナブル投資規模は2016年の57兆円から2022年は439兆円に増加している）、いまとなってはPRIに署名していなければ資産運用ビジネスがむずかしいとすらいえる。この背景にはパッシブ運用の拡大も関連しているだろう。仮に未来永劫にわたり幅広い企業群を対象として投資していくと、投資先企業の事業環境がさまざまな事情に左右されることになる。それゆえ、投資先企業だけでなく運用者も、地球レベルの課題解決に取り組んでいかねばならない。PRIは、2006年に国連が策定した原則である。コフィ・アナン事務総長（当時）の頭のなかにあったのは、地球レベルの課題解決には大量の資金が必要であり、公的な資金では限界があることから、民間資金の活用ということだった。そこで機関投資家の存在に目をつけ、PRIが始まったが、浸透にはある程度の時間がかかった。CSRなどで知られていた社会貢献と似ているという見方、ESGの財務リターンとの関係に対して懐疑的な投資家もいた。しかし、2008年のリーマンショックを経て、気候変動が科学的なレベルで課題であると十分知られるようになったことやESG情報の考え方が各地域の年金法の解釈等で示されたことにより、世界の投資家が方向を変え始めた。また、世界レベルの課題は、投資家であれ事業会社であれ1社ごとに解決できることではないので、協働への期待が高まったといえる。

　3つ目が金融業界の環境変化である。いわゆるCSR（企業が自ら事業活動を倫理的に行う）がいわれた2000～2010年頃とESG投資の世界とでは「前提」が変わった。CSR時代は、企業は倫理的に正しいことをせよとの論点、つまり企業倫理、社会的責任、地域貢献が注目点だったので、その時の責任当事者は企業のみだった。しかし、PRIや伊藤レポートを経た国内のESG投資に携わる者の間では、このままでは地球環境は持続不可能であり、「投資対象の企業の事業環境がこれまでと同じだ」という前提をもって投資を継続することは不可能だという危機感が増した。その場合、責任当事者は企業だけで

13　日本サステナブル投資フォーラム「サステナブル投資残高調査2022」2022年11月

はなく、資本を提供しているステークホルダー（投資家）も含まれ、投資家と投資先である事業会社は「同じ船に乗っている」ということになる。だから対話を通じて、事業環境について長期的な観点をもち、結果として示される財務情報のみではなく、非財務に分類される長期的な見方や観点から話を聞くことが投資家の受託者責任におけるモニタリング活動であり、対話の一視点となっている。さらに、リーマンショックを経て金融業界への規制が厳しくなる一方で資金余剰の時代になり、伝統的な金融事業のみで利益を出すことがむずかしくなってきている。社会課題を解決するビジネス（いわゆるサステナブルファイナンス）を金融機関が投資家と投資先をつなぐという本業で行う必要性が出てきたことも、対話の活発化の要因となっている。

3.3.4　資産運用における財務・非財務にかかわるプロセスの統合と開示への期待

　少し専門的になるが、企業価値評価のアプローチの1つであるDCF法（割引キャッシュフロー法、事業が生み出す期待キャッシュフローを割引率で割り引いて求める）を用いて、財務・非財務情報の重要性を考えよう。ここで、割引率は将来の不確実なフリーキャッシュフロー（FCF）と現在価値の交換比率と考えられる。毎期のFCFが一定率 g で成長するときには、割引率を $1 + (\rho - g)$ と置くことができる（ここで ρ はリスクフリー・レートにリスクプレミアムを加えた値）。リスクプレミアムは、株式であることと各業種や個別企業特有のリスクからなり、個別企業の収益の安定性を高めれば高めるほど低下することになる。また、高い成長率が見込まれれば、資本コスト（すなわち割引率）が小さくなり、現在価値が増大する。この事業が生み出す価値に非事業資産を加えた企業価値を株主価値とみて発行済株数で除すると適正株価と考えられる。

　適正株価をEPS（現時点で標準的に期待できる利益水準）と比率（PER）に分けてとらえ直す（株価＝EPS×PER）と、PER部分が成長とリスクを意味していることがわかる。つまり、投資家は利益水準のみならず、PERの変化にも注目せざるをえない。こうして開示の意味が明確になる。

企業は決算説明会、中期経営計画説明会、ESG説明会などを行うが、投資家は、決算説明会ではEPSにかかわる短中期の業績について、中期経営計画説明会ではPERの要素の１つである成長戦略について確認をする。そしていま徐々に広がりつつあるESG説明会はPERのもう１つの構成要素である長期的なリスクや、財務的目標を超えたところにある経営ビジョン、企業の存在意義にかかわる非財務情報を元に当該企業の将来像を洞察する。この３つの情報開示がバランスよく機能してはじめて企業価値がよく投資家に伝わることになる。

　投資家は、現状については主に財務情報で評価するが、10〜20年先については、財務諸表を予想だけで評価することはむずかしい。そこで非財務情報もふまえて判断することになる。企業がどういった事業領域に行きたいのか、どのようなビジネスポートフォリオを組み立てていくのか、そのためにどのようなルールや枠組み（ガバナンス）で経営するか、ステークホルダーである従業員、環境、社会と調和していく成長ができるかどうかなど、非財務情報の評価が企業評価にとって重要となる。たとえば、企業がR&D投資をしていない、人材戦略をもたないなどとわかった場合、企業価値において長期的成長率はゼロあるいはマイナスで想定し評価することになるといった具合だ。ESG時代の企業評価では、投資家の責任として長期的視野をもち、企業経営の長期的な視野を知る必要があることがわかる。

　保有期間の長さではなく、長期的視野に立った投資を行う投資家である長期投資家は、10年以上できれば20〜30年後の企業が描く「ありたい姿」を提示してほしいと考える。もし企業が説明できない場合には、既存事業の成長においてすら、そうできる企業と差が出てくるとみることになる。企業業績は外部要因によって影響を受けるため、長期投資家であっても四半期業績を追っていくことはあるが、持続的な価値向上を目指した取組みがなされているなかでの業績変動なのか、あるいはみえないなかでの業績変動かを知りたい。「ありたい姿」が目的地であるとすれば、いきつくまでのロードマップが経営・事業戦略であり、現在位置との乖離を把握するためにKPI（経営目標数値）が必要となってくる。これらが共有されることが、同じ船に乗るも

のとしての信頼感や安心感につながる。また、その際、財務情報は短期的には不確実性は低い傾向がある一方で、非財務情報は長期的にはより重要になることから、財務・非財務の両方が重要となる。

3.3.5　ESGに関する開示文書や説明会に投資家が期待すること

　企業経営者との対話において、投資家が経営のメッセージに期待する4つの視点を示す。これにより、アクティブ運用のアナリストであれパッシブ運用の長期保有からの視点であれ、投資家からのニーズを多面的にとらえることができると考えている。

　第一に、経営戦略の財務パフォーマンスへの影響だ。財務の出発点となる本業での収益貢献、利益成長、財務リターンがある。直結する「見える化」は開示を通じたビジネスモデルの内容説明と検証、ビジネスポートフォリオ、KPI（経営目標数値）の選択とトラッキングも重要だ。

　第二に、将来財務への影響で、これは現段階では非財務情報だろう。経営の根幹としての理念（パーパス）を企業の存在意義から考え示されることに期待する。欧米企業では短期的な経営が批判された結果、パーパスまで戻って開示し対話の材料とするケースが増えている。2019年8月には、米国最大規模の経済団体「ビジネス・ラウンドテーブル」が数十年にわたって掲げてきた株主第一主義を廃止し、従業員や地域社会、サプライヤーなどを重要なステークホルダーとしてあげ、企業は財務的利益を追求するとともに社会的責任を果たすことにも注力すべきとしている。これは、企業側のショートターミズムの戒めである。対して日本企業は長い歴史のある企業が多く、すでにこのような考えをもっていることも多いため、さらなる説明とアピールを期待している。特に、経営者には自分の言葉でESGも含めた経営戦略へのコミットメントを語ってほしいと考える。マテリアリティ（重要度の高い項目への集中的な取組み）については、非財務に関する項目が総花的にならないように、限られた経営資源をどこに注力するか、どれだけポジティブな将来財務につながり、ネガティブな将来財務のインパクトを抑えられるか、に

ついて認識があるかを長期投資家は知りたい。そのうえで、財務と非財務の関連を示すことが付加価値の高い情報となる。

　第三に、企業のスチュワードとしての責任、すなわち責任をもった財産の管理人としての経営者のメッセージ発信が大切だ。いま、事業に投資を拡大する段階なのか、株主に返すのか（株主還元）にかかわる基本姿勢となる。これについては、規律のある経営をしていく枠組みとして、多様性と独立性を確保した取締役会、長期的な戦略と整合性のとれた報酬設計などを含む攻めのガバナンスが大変重要である。

　第四に、リーダーシップをあげたい。いわゆるVUCA（Vague, Uncertain, Complex, Ambiguous）の時代において、事業における直接の課題をどのように新規事業、研究開発を通じて解決し、生き残るのか。また、持続可能な開発目標（SDGs）というような切り口をもって、長期的な課題への貢献と本業のあり方について企業のリーダーとしてどう語るのか、は長期投資家が注目している点である。

　総じていえることは、長期的視野をもつ投資家は、財務・非財務情報が統合思考のもと経営戦略に取り組まれているかを、企業からどのように発信されているかを含めて重視している。長期投資家が統合報告書などを通じて、理念、長期ビジョン、価値創造プロセス、事業戦略とガバナンスに一貫性とストーリー性があるかを確認するのはそのためである。

3.3.6　投資家と企業

　現状ではESGとは何かについて、やっと腹落ちしてきたという企業や投資家が多い。本書執筆時点では、投資家と企業の対話において、企業や業界別のマテリアリティの精査からKPI設定などが主要な話題となってきている。CSRは企業の倫理的、慈善的活動だったが、ESGは企業の本業を通じた社会的かつ経済的価値の追求になる。社会価値を無視して経済価値だけを追求することは持続的ではないため、市場の評価において両立させることになる。あるいは両立できない場合には、企業の生き残りをも左右する可能性がある。ここに社会課題解決の1つの視点であるSDGsと企業価値の創造とが

ESGを通じてつながることになる。これを無視して金融業が次の世代に良い成果を残せるとは思えない。運用業界がESGを評価したうえで投資先を選別していくことは、自らのビジネスモデルのレジリエンシーを高めるだけでなく、次の世代のためになると考える。

　渋沢の生きた明治と比べると、現代の日本は、先進国化、資本市場が高度化する一方、グローバル化、少子高齢化に直面しつつ、過去に欧米という明確な目標があった頃ほどに確かな方向性を感じることがむずかしい。課題先進国として自ら進む道を見出すことにも期待が寄せられる。さらに世界で活躍する企業の競争環境は、国内だけを見て最適化しても適切な結果を生まない時代と思われる。

　企業経営がグローバル化、専門化する一方、資本市場のインベストメント・チェーンも複雑化、専門化してきた。ここで、機関投資家が機会主義的な短期リターンの追求ではなく、企業の長期的な成長に興味をもつ役割を演じるようになったのは当然のことだ。世界に広がる投資家は、企業の経営ビジョンやビジネスモデルを理解し、単に株式を売買するのみならず自らの知見やESGなど価値判断をも加えて、企業と目的をもった対話から議決権行使までさまざまに関係をつくろうとしている。また、これから経済力を発揮するであろう世代や女性は、短期的な財務リターンの追求よりも、自身の価値観を投資に反映することを重要視するといわれている。企業は、社会課題解決を含む長期的視野からその存在意義（パーパス）を確認し、経営ビジョンを立て、戦略を設定し、幅広く開示し、説明することは、「同じ船に乗っている」投資家と企業の協業の必須条件といえる。

3.4 さまざまな投資家との対話による接続

　スチュワードシップの主体である機関投資家とはそもそも何なのか。図表3－1にあるように、最終受益者から企業までの資金の流れのなかでの位置づけとして、「アセット・オーナー」が基金や年金、「アセット・マネー

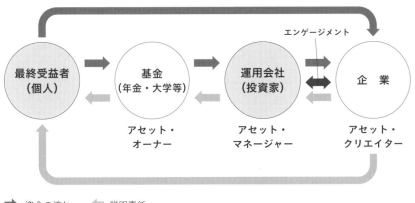

図表 3 − 1 ▶ インベストメント・チェーン（図表 2 − 8 の再掲）
出所：筆者作成

ジャー」が運用会社である。さらに、投資先の企業は「アセット・クリエイター」と呼ぶのがふさわしい。企業はいかにアセットをクリエイト（創造）していくかに注力する。そして株主は、その方向へ助言し、決定された戦略の実行を担う経営陣の監督する取締役会のメンバーを選ぶことができる。本来のスチュワードシップ活動による説明責任を求める相手は経営者であり、それを監督する取締役会である。エンゲージメントというと、運用会社と企業の間での対話のことを指すことが多いが、その意味づけを明確にしておくことが望ましい。

3.4.1 機関投資家の種類

エンゲージメントにおいて特に企業側が、投資家にもいろいろな種類があることを認識する必要がある。対話をしている相手が何をしていて、何を求めているのかを理解したうえで対話をしたほうがよいことは明らかである。以下の7つの軸で考える。

① 投資の時間軸
対話の相手がESGについて興味があるのか、それとも日々のショートター

ムのイベントでその企業の株をトレーディングしている人たちなのかで、会話の内容もアプローチも当然変わる。ロングタームとショートタームの間に多数派のアクティブファンドがあり、何か新しい分析材料（カタリスト）が出てくるときにPERが切り上がり株価が上昇する、そのような情報をとろうとしてエンゲージメントあるいは取材に来る人もありうる。

② 投資の主体性

パッシブなのかアクティブなのかについて、エンゲージメントと関連づけて整理をするために後述する（3.4.3参照）。

③ 投資の戦略

投資家の戦略・スタイルはさまざまだが、成長性重視のグロースか、割安重視のバリューか、GARP（Growth At Reasonable Price）のようなスタイル・ミックスもある。そうであれば、自分の会社が成長型か、バリュー型か、どちらなのかを把握する必要がある。おそらく、そのスタイルに対応している投資家が対話に来ているので、それに対応して何を改善しなければいけないのかを考える必要がある。日本の会社の多くがバリュー株と考えられるので、そこに訴求するような内容とは、たとえば貸借対照表の効率性となる。そのような点について注目されているとすれば、事業ポートフォリオの組替えのような話がよいだろう、などオーディエンスによって刺さる話が違うだろう。

④ 投資家の所在

その運用会社の本店や発祥拠点が国内なのかグローバルなのかで投資と成果の時間軸すら違う可能性がある。また世界観や価値観の違いが投資行動、エンゲージメントに現れることもある。

⑤ 投資家の形態

運用会社に、ブティック・ファームかオールラウンドかという区別がある。ブティックは、1つかごく少数の投資戦略で成り立っており、規模は必ずしも小さいとは限らない運用会社である。一方で、債券も株も、パッシブ、アクティブ運用もあり、アクティブのなかではグロースもバリューもあるという運用会社がオールラウンドである。運用会社により、エンゲージメ

ントでどのような形態に所属する人と話をしているのかを最初に確認してお
くことが必要である。株式におけるある分析結果[14]によれば、ブティック・
ファームのほうがエンゲージメントがうまくいっていると報告されている。

⑥ 投資手法

主にボトムアップとクオンツがある。ボトムアップはファンダメンタルと
も呼ばれる。この手法は、一つひとつの会社をボトムアップ（財務分析や経
営方針など）で分析する。クオンツ（数量分析）においても財務諸表などの
ファンダメンタル情報を利用し銘柄を選ぶので、この説明は100％正確に説
明しているのではないが、クオンツは基本的に、コンピュータに個別企業の
財務データを含む大量のデータを取り込み、統計モデルをつくりデータを当
てはめて分析する手法である。端的にいうと、ボトムアップすなわち人の足
で稼ぐ分析手法か、コンピュータによる大量データの分析ベースかという区
別になる。この違いは、企業にとって、データの出し方の違いとなる。たと
えば、クオンツ運用では、個別企業のデータがなければ業界平均で置き換え
足りなかったもの（欠損値）と扱われて企業価値を算定していくので、ベー
シックなデータの提供が重要だ。

⑦ 投資の志向

伝統的なリスク・リターンの2軸か、最近話題にもなっているインパクト
投資のように、リスク・リターンに加えて社会的インパクトを含む3軸でみ
るような投資か、といった区別がある。

3.4.2 投資家の立ち位置による求める情報の違い

ここまでをふまえて、あらためて、投資家の立ち位置によって求める情報
が違うことを整理する（図表3-2）。図表では、厳密にというよりもイメー
ジとしての分類を示している。

基本的に、パッシブ運用やスチュワードシップ活動は業界比較、改善分野

14　The AMG Funds, "The Boutique Premium", https://media.amgfunds.com/assets/The_Boutique_Premium.
pdf?__hstc=223667524.a33440c162556240d3d8d4e4b9afe3f8.1658114861098.1658114861098.1658114861098.
1&__hssc=223667524.1.1658114861099&__hsfp=1542169609

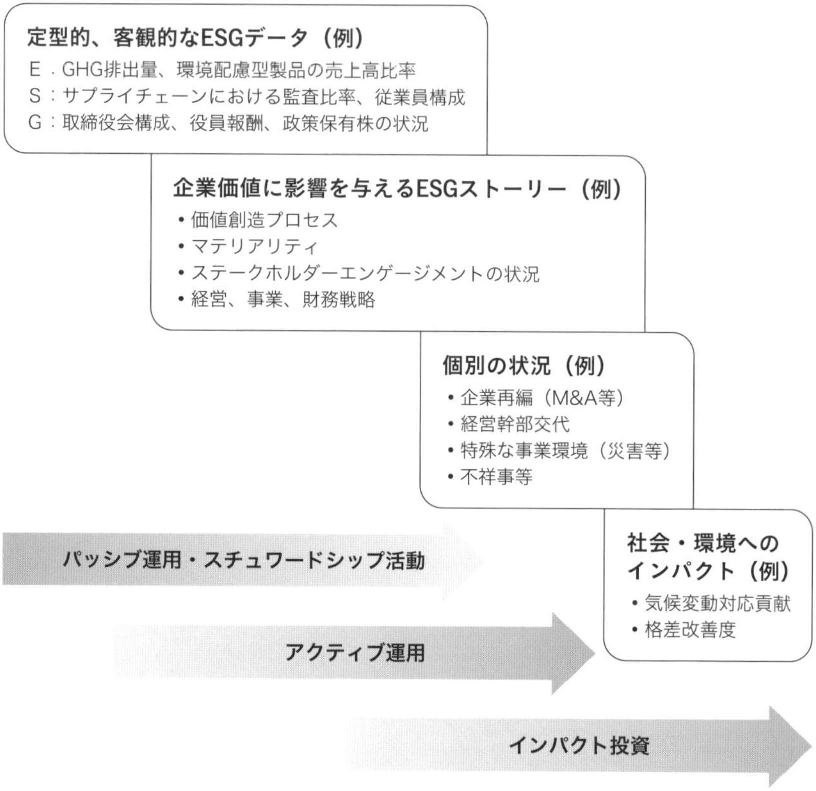

定型的、客観的なESGデータ（例）

E：GHG排出量、環境配慮型製品の売上高比率
S：サプライチェーンにおける監査比率、従業員構成
G：取締役会構成、役員報酬、政策保有株の状況

企業価値に影響を与えるESGストーリー（例）

- 価値創造プロセス
- マテリアリティ
- ステークホルダーエンゲージメントの状況
- 経営、事業、財務戦略

個別の状況（例）

- 企業再編（M&A等）
- 経営幹部交代
- 特殊な事業環境（災害等）
- 不祥事等

パッシブ運用・スチュワードシップ活動

アクティブ運用

**社会・環境への
インパクト（例）**

- 気候変動対応貢献
- 格差改善度

インパクト投資

図表3－2 ▶ 投資家の立ち位置による求める情報の違い

出所：筆者作成

の発見を重視する。アクティブ運用はアルファの源泉となる差別化、競争力の見極めへの情報を探しにいき、インパクト投資は社会・環境課題解決への貢献度（インパクト）に注目する。筆者の運用機関での経験では、パッシブ運用のポートフォリオで、1,000社を超える投資先企業がある場合、エンゲージメントの対象を絞る必要がある。そこで、「今年エンゲージメントしたいテーマ」を、たとえば「ダイバーシティ」などとして、管理職に何パーセント未満の女性しかいない投資先企業を選ぶかを決め、データを使ってスクリーニングして、エンゲージメントの対象リストを絞り込んだ。また、た

とえばCO_2のエミッションなどで業界の平均よりも悪い数値が出ている会社を優先的にエンゲージメントするなどを行っていた。

3.4.3 機関投資家によるさまざまなエンゲージメントのアプローチ

エンゲージメントと運用のアプローチを整理してみよう。まず、パッシブは特定の指数に追随することを目指す運用であり、アクティブとはベンチマークが設定され、それをベースに上回ることを目指す運用と理解することができる。図表3-3にあるように、それぞれの種類の投資家が、いろいろな局面でエンゲージメントをすることがあり、これが企業の投資家理解において混乱を招いていると思われる。どちらの運用であっても、スチュワードシップ活動とは投資した後の「責任ある財産の管理人」としての活動であり、具体的には議決権行使や対話を行う。一方、ボトムアップ（足で稼ぐ）戦略においてアルファの源泉を見つけてくる場合については戦略によって濃淡があるところだが、特にアクティビストファンドは対話自体をアルファの源泉とするという考え方があるので、そのような戦略のもとでエンゲージメ

投資アプローチ	運用成績をあげるためにエンゲージメントをするか	スチュワードシップ活動	
		議決権行使	エンゲージメント
パッシブ運用 （特定の指数に追随することを目指す）	×	○	○
アクティブ運用 （投資対象を選別して投資をする）	○ (注：戦略によって濃淡あり)	○	○

エンゲージメントを主な投資のリターンの源泉とする戦略
＝エンゲージメント投資（アクティビスト戦略）

図表3-3 ▶ 機関投資家によるさまざまなエンゲージメントのアプローチ
出所：筆者作成

ントをしているのか、投資した結果としてスチュワードシップ責任に依拠してエンゲージメントをしているのかを分けて考えなければ、対話における話のポイントがずれてしまうおそれがある。

3.5 | アクティビストファンドとの対話による接続

3.5.1　近年のアクティビストの動き

3.5.1.1　世界のアクティビストの活動

アクティビストによるエンゲージメントについて考えるにあたり、まず最近のアクティビストの活動を総括しよう。2022年の上半期は、前年同月比で＋34％の126件で、日本を含むAPACでは＋17％となり、2021年に比べ、アクティビストも活動の量を増してきた[15]ことがわかる。ここ2年ほどコロナ禍がありアクティビストも取材等で動き回れないという物理的な問題もあった。また引き続き社会的な批判もある。それでも下火になっていた状況が2022年になって活動を強めていることが注目される。

3.5.1.2　日本におけるアクティビストの活動

日本の案件は、小さな規模あるいは中小型に偏っているといわれる。理由として3つ指摘しておく。まず、日本企業は依然として株式持合いが多いので、アクティビストが入ってきてもコミュニケーションに至らないおそれがある。アクティビストは、エンゲージメントするときには株主構成をみて、自分たちのエンゲージメントの「成功確率が高い」ところに入っていくようにする。これは一般的なアクティビストとしての行動であろう。

2つ目の理由として、国内機関投資家による他の株主からの株主提案への賛成率が低いことがある。議決権行使の開示については、投資信託協会のものも含めて、会社提案と株主提案でそれぞれ賛成反対についての開示をして

15　Lazard's Capital Markets Advisory Group, "Lazard's H1 2022 Review of Shareholder Activism," July 12 2022

いる。本来、アクティビストが株主提案をした場合、国内機関投資家の運用者（議決権行使担当者）は、（その提案者がだれであれ）その議案が企業価値向上に資するのかどうかだけを純粋に判断すればよいはずである。ところが、大きな運用会社でいろいろな会社に投資をしているほど、たとえば利益相反の問題があるので、株主提案なのかマネジメント提案なのかによって判断を変えてしまう可能性がある。株主としての純粋な議決権行使であれば本来だれが提案しているのかは関係ないはずである。国内の大手機関投資家が、アクティビストなどによる株主提案を株主として適切に精査できているのか、あるいはできているが結果として賛成率が低いのかは不透明である。

3つ目に、特に海外に本拠地があるアクティビストは、賛同者を募るために日本語でキャンペーンをしなければならずコスト高になることがある。アクティビストのリストをみても、日本発のアクティビストファンドは少なく、海外のアクティビストが日本に来て活動することに依存しており、言語コストの問題が発生することになる。

しかしながら、それでもおそらくアクティビスト戦略は活発化すると見込んでいる。理由を3つあげておく。(1)PBRが1倍割れの企業が市場の半数以上存在しており、(2)その裏表の関係だがROEが依然として海外市場に比べて低水準、(3)持合い解消が継続しているという点である。こう考えると、日本株式市場について、引き続き世界のアクティビストがエンゲージメントのしがいがあると考えていると想定できる。

さて、現時点において、日本で活動するアクティビストの戦略にはESG投資の観点から大きな課題がある。前段の3つの理由で、投資の戦略としての妙味は今後も続くだろう。しかし、ESG投資の観点から、E、S、Gと分けて考えると、日本の会社は、PBR1倍割れでROEが低いという状況なので、Gに集中してエンゲージメントをせざるをえない。たとえばグローバルなアクティビストであるオアシスや、日本でもストラテジックキャピタルなどがPRIに署名しESGも投資に取り入れている。しかし、残念ながら、いまの日本企業へのアクティビスト戦略で、Gと同程度にEやSの考慮がアルファの源泉になるには、かなり時間がかかりそうだ。これらは、企業価値に

中長期的には影響してくると信じていても、現時点で投資戦略とエンゲージメントのなかに統合していくことが困難である。

　日本に投資をする主なアクティビストファンドのリストには、よく知られた名前が並んでいる。米国の大きなファンドが上位で、それ以外で日本人が運営をリードするファンドには、シンガポール拠点で活動するエフィッシモ、３Ｄインベストメント・パートナーズ、旧村上ファンド、ひびき・パース・アドバイザーズなどがある。また最近活発に活動しているYamauchi No. 10 Family Officeは任天堂の創業家のファミリーオフィスとされる。ストラテジックキャピタルは2012年に設立された会社で、筆者が関与したマネックス・アクティビスト・ファンドは2020年のスタートである。日本発のファンドはまだ規模が小さく、from Japan to Japanでエンゲージメントが進むには時間がかかるであろう。

3.5.2　アクティビストファンドのエンゲージメント事例

　一般に難解であるアクティビストファンドは、機関投資家以外に提供されることがなかった。しかし筆者が参画したマネックス・グループのアクティビスト・ファンド（MAF）は、個人投資家にこれを提供していこうとの主旨でスタートした。先出のインベストメント・チェーンでみたように、最終受益者がエンゲージメントにかかわっていくチャンスを提供するファンドである。また、最終受益者は、企業の従業員やお客様であることもある。MAFとかかわることで彼らが実際にアクティビストとなり、企業がより良くなる。その時に最終受益者が果実を享受できると考えた。その果実は、株に投資をして金銭的なアップサイドがある、ということのみならず、社会としての変革をみることができることで、個人的な成功体験を実感するという効用があがることも想定された。

　MAFは、「長期的視点に基づいて建設的な対話を行い、投資リターンの創出を目指します」、とする。会社すなわちアセット・クリエイター側も、「こうまくいってないな」とか「変わらなきゃいけないな」と考えていることがある。このような会社に投資をするという点が、他のアクティビストとの

違いとなっている。変革期の企業に投資をし変化を後押しするというスタイルは、本書2.8で述べたスチュワードシップ理論でいう、「会社の側も投資家の側も変わらなければならない」「内発的動機あるいはステークホルダーも含めた価値を共有できることでお互いの満足度が上がる」という考えに裏付けられる。それゆえ、株主と経営者の考え方が違う、もしくは考え方の組合せがずれていると、どちらかしか満足が得られないということになってしまう。

3.5.2.1 アクティビスト戦略とリターンの考え方

アクティビストとは、割安に評価されている企業に働きかけて企業が変革することで株価が上がりリターンを獲得する仕組みといえる。アクティビスト戦略は、ヘッジファンド戦略の1つととらえられることが多い。多くのアクティビストは「ミッドティーンズ」つまり3年程度でならして15%程度の年率リターンを目指すとしている。

日本では今後もこの戦略が有効であると考えられる。なぜなら日本では、アクティビストによる社内のしがらみのない議論で大胆な意思決定を後押しする。これは、武蔵精密工業のケース（Chapter 1の1.9）でも注目された。また、社外取締役導入でも同じ効果が期待されている。社内での議論は、予定調和に終わってしまうことが多い。あるCEOは、変革に対して果敢に取り組もうとするが、内部の議論だけで予定調和に終わってしまうと残念がる。一方、社外者、特に投資家との対話では単刀直入かつ客観的でしがらみのない議論ができる傾向にあり、CEOにとっても刺激的だしかつ価値があるといえる。それゆえ対話の相手としてアクティビストは有効である。アクティビストのかたちはさまざまだが、企業側からは比較的ウェルカムとされることが多いとみられる。

GPIFのアンケート調査[16]によると、対話を行っているアクティビストがアプローチする企業は全体の6～7割との結果となっている。そのなかでも

16　年金積立金管理運用独立行政法人（GPIF）「第6回　機関投資家のスチュワードシップ活動に関する上場企業向けアンケート集計結果」2021年5月、https://www.gpif.go.jp/investment/stewardship_questionnaire_06.pdf

対話に値するとの印象をもった企業は、7割程度にのぼる。理由は、経営変革への後押しになる、事業や業界の調査分析内容が優れている、あるいは企業への提案内容が中長期的な企業価値に資する、などとされている。

3.5.2.2 主な提案内容

　主な提案内容は、事業ポートフォリオの再編や経営戦略の改善や配当や自社株買い等の株主還元などである。株主提案は、エンゲージメントでうまくいかなかったときにどうするかという点に関係している。エスカレーション（対話の強化）として使われることもある。

　一般的なアクティブ運用とアクティビストファンドの投資成果のあり方について比較してみよう。アクティブファンドは、基本的に、数多くある上場会社のなかで、今後成長性あるいは事業が整理されるなどで、株価が上がると予測ができる会社を選び投資をする。図表3－4の左側をみると、投資実行時の市場価格は低く、投資の回収の頃に目標株価あるいは理論価値を設定しそこに右肩上がりで株価が登っていくだろうということを期待して投資し、エンゲージメントや取材をしないわけではないが、働きかけるというよ

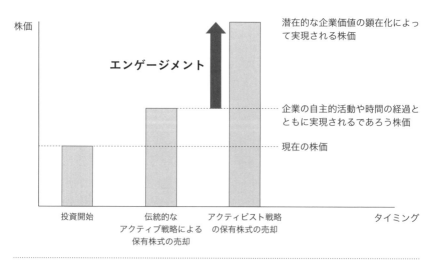

図表3－4 ▶ アクティビスト戦略におけるエンゲージメント（イメージ）
出所：筆者作成

りは基本的にモニタリング程度で投資を維持するような、エンゲージメント活動が弱いタイプのファンドである。一方、アクティビストファンドは、自分たちが想定する理論価値すら上回るためにエンゲージメント活動をし、アルファを「つくる」タイプの戦略だと考えることができる。

アクティビストが短期的なリターンを獲得しようとするだけの投資家との誤解も多いが、長期的な企業価値向上に貢献していることの指摘や[17]、対話をする機関投資家としてアクティビストの役割を評価するものもある[18]。

3.6 | 社外取締役を活用した接続

機関投資家を中心とした株主と企業の対話を円滑に進めるにあたり、社外取締役が投資家と対話する機会を増やすことが望ましい。社外取締役は、社長の命令・指揮下にないことが想定されるので、株主をはじめステークホルダー間の利害調整に配慮できる。今後、株主などとの対話の調整役として期待できる筆頭独立社外取締役を設置する企業が増えることを期待したい。

機関投資家が企業に対話を求めるにあたって社外取締役に期待する一方で、ある社外取締役によれば、企業は社外取締役と株主を話させたがらない傾向にある、とのことであった。しかし、社外取締役自身が、機関投資家との対話を企業に働きかけること、あるいは投資家が引き続き社外取締役も含めて取締役会のメンバーと対話をしたいと伝え続ける必要がある。

図表3－5は経済産業省が行った社外取締役のエンゲージメントに関するアンケート結果である。このアンケート結果で興味深い点は、「株主との対話に対する社外取締役の考え」のところで、社外取締役自身は株主との対話を行っていないが、求められれば行ってもいいと思っている、一方、会社の側（企業の躊躇する理由）は社外取締役の負担になるので行わない、会社と

17 Bebchuk, Lucian, Alon Brav, and Wei Jiang. "The Long-Term Effects of Hedge Fund Activism." Columbia Law Review 115, No. 5 (June 15, 2015)：1085-1156

18 Chapter 2 注17

社外取締役のエンゲージメントに関するアンケート結果

社外取締役の約76％は株主との対話に前向きな姿勢を示す一方、
約６割の企業は社外取締役の負担を考慮して、
社外取締役に対して株主との対話を依頼することを躊躇している。

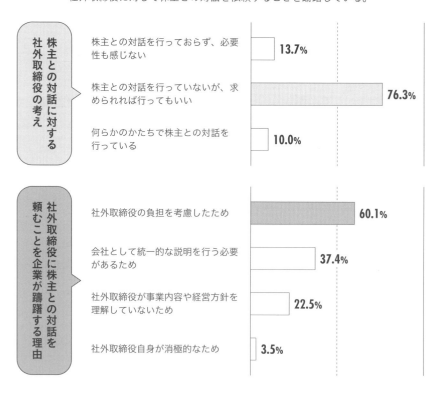

株主との対話に対する社外取締役の考え

- 株主との対話を行っておらず、必要性も感じない　13.7%
- 株主との対話を行っていないが、求められれば行ってもいい　76.3%
- 何らかのかたちで株主との対話を行っている　10.0%

社外取締役に株主との対話を頼むことを企業が躊躇する理由

- 社外取締役の負担を考慮したため　60.1%
- 会社として統一的な説明を行う必要があるため　37.4%
- 社外取締役が事業内容や経営方針を理解していないため　22.5%
- 社外取締役自身が消極的なため　3.5%

図表 3 － 5 ▶ 経済産業省のアンケート結果
出所：経済産業省[19]

して統一な見解・説明を行う必要があるためにさせない、という。実際これ
はアクティビストファンドが対話において直面する会社の理由づけでもあ
る。われわれとしては株主の代表なので、そういう趣旨で取締役会に参加す

19　経済産業省「「社外取締役の在り方に関する実務指針」の概要」2020年、https://www.meti.go.jp/press/2020/07/20200731004/20200731004-4.pdf

社外取締役が経営陣との対話や株主等のステークホルダーとの対話を円滑に行うために、筆頭独立社外取締役を選定することを検討すべきである。

○コーポレートガバナンスにおける社外取締役の役割が高まるにつれ、社外取締役が経営陣や株主等との対話を行う必要性が増す。このため、単なる調整役というよりも、様々な対話の中心としての役割を期待して、社外取締役の中で主導的な役割・機能を果たす社外取締役を選定しておくことが有効と考えられる。
○そのような社外取締役には、特に株主と直接対話し、株主の声を取締役会の議論に届ける役割も期待されるため、その覚悟と、投資家と対話するためのリテラシーが必要となる。
○なお、取締役会議長や各委員会の委員長が社外取締役である場合、その者が実質的に同様の機能を果たすこともあるので、「筆頭独立社外取締役」といった名称の者を選定する事を一概に求めるものではない。

〈参考：コーポレートガバナンス・コード〉
【補充原則４－８②】
「独立社外取締役は、例えば、互選により「筆頭独立社外取締役」を決定することなどにより、経営陣との連絡・調整や監査役または監査役会との連携に係る体制整備を図るべきである。」

図表３－６ ▶ コーポレート・ガバナンス・システムに関する実務指針（CGSガイドライン）
出所：経済産業省[20]、下線は筆者

る社外取締役と対話をしたいと申し入れて、担当者が当初調整をし始めるものの、途中で立ち消えてしまい、結局そのミーティングがセットされないという事例をみてきた。会社としては社外取締役という立場で投資家との接点をもたせることに及び腰である例が多いようだが、それは良くないということを引き続き伝えていく必要があると考える。

もう１つは、筆頭独立社外取締役への期待である。最近のコーポレートガバナンス・コード改訂では明示されなかった。実務指針には書き込まれているものの、本文に入っていないためか筆頭独立社外取締役を置く会社がいまのところさほど増えてない。「特に株主と直接対話し、株主の声を取締役会

20　経済産業省「コーポレート・ガバナンス・システムに関する実務指針（CGSガイドライン）」2022年７月19日

の議論に届ける役割も期待される」との記述が、しばしば筆頭独立社外取締役が自分ですべての対話に対応しなければならないと誤解をされている（図表3－6）。しかし、株主の期待は、対話の内容に即して担当を任命し、担当の采配で適切な対話担当者が決まるようにしつつ、取締役会として外の意見を受け入れる窓口の役割を含むものとして選定されることである。より実質的には、筆頭独立社外取締役が核となり、指名報酬委員会等とも連携し、サクセッションプランなどに向けた経営者との議論をより充実させる役割も期待する。

　また、ICGN Global Governance PrinciplesにおいてもPrinciple 1において1.4 Dialogue（対話）では、「取締役会、特に議長、筆頭（あるいは上級）独立取締役、委員会委員長は、株主や関連ステークホルダー（特に従業員）と建設的に関わり、有意義な対話を行うべきである」とある[21]。

21　ICGN, ICGN Global Governance Principles, 2021, https://www.icgn.org/sites/default/files/2021-11/ICGN%20Global%20Governance%20Principles%202021.pdf

Chapter 4

経営と金融のサステナブルな
価値共創

　初めての株主総会。2022年6月23日、私は初めて壇上から株主
総会に参加しました。株主総会では株主が一堂に会し、株式会
社にとって重要なこと（たとえば、取締役・監査役の選解任、定款
変更、配当など利益の分配）に関する議案について審議します。
私はこの時プライム市場に上場している武蔵精密工業株式会社
の取締役の候補となっており、会社側（壇上）にて参加したの
です。これまで企業のオーナー（株式の投資家）として議決権を
行使する側でしたが、実際に企業の側に立って株主総会を経験
してみると、滞りなく取り仕切るための入念な準備と、サステ
ナビリティの経営への統合が新体制によって加速化しようとす
る場面を目の当たりにし、実業のなかでこれまでの想いを実現
する機会を得たことへの期待と責任感の両方を感じました。そ
して、独立社外取締役となってまもなく、今度は投資家からエ
ンゲージメント（対話）をされる側にもなりました。立場の違う
経営と金融の価値共創の糸口はどこにあるのでしょうか。

4.1 企業が生み出す価値

4.1.1 企業価値とは

　本書でのサステナブル経営は、長期的・将来の財務的利益を最大化する（今年のROAなどではなく）ことが、社会課題や環境保全にも矛盾しない、あるいは逆に、社会課題や環境保全などがその企業の時代や地域の期待として与えられ、それを内部に取り込むことで、長期的未来の財務的な利益（期待値）、ひいては現時点での企業価値（長期的な期待利益流列の現在価値）を最大化すると考える立場である、とChapter 1の1.10.2で述べた。

　このChapterでは、あらためて「社会課題や環境保全などが、その企業の時代や地域の期待として与えられ、それを内部に取り込むこと」と企業価値の関係、サステナブルファイナンスの可能性を最大限に生かして価値を生み出すことを扱う。

4.1.2 企業の価値創造とサステナブルファイナンスの関係

　図表4－1は、図表2－1をベースに資金の流れを単純化して書き加え、企業の価値創造とサステナブルファイナンスにおけるステークホルダーの関係を説明するものである。まず、株主から提供された資本を元に、事業会社は顧客に向けて商品・サービスの展開をする。その対価として得た売上げから、それを創造する過程で発生した人件費を従業員に、仕入れに関する費用を取引先に、運転資金などの融資を受けていれば銀行へ金利を支払う。最終的な利益は、税金を政府に支払った後の残余として、資本提供者である株主に対して配当として還元するのか、あるいは成長資金として次年度の活動のために内部に留保し、また売上げを生み出す活動の成長資金として充てるかを検討する。

　サステナブルファイナンスが経済活動のインフラとして健全に機能するためには、金融機関が事業会社の価値創造の仕組みを理解すると同時に、本

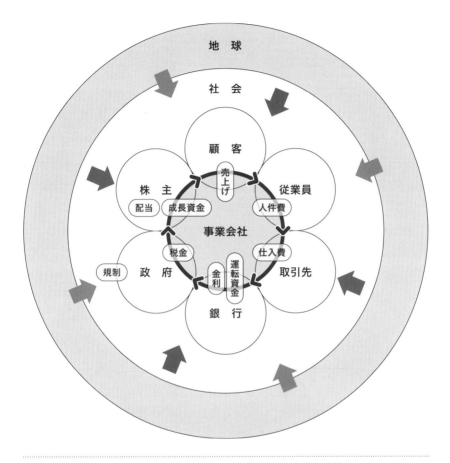

図表 4 - 1 ▶ サステナブルファイナンスと事業会社の財務的活動
出所：筆者作成

Chapterの主体である事業会社がこの資金の流れを各ステークホルダーの期待に見合ったものとすること、すなわちサステナブルな経営に資するような価値を生み出す意図が存在することが期待される。

4.2 経営と金融における財務的活動と非財務的活動の統合

　財務的価値を創出する活動は、生産、販売活動など売上げに直結する活動として容易に想像がつく。一方、非財務的活動は、それ自体が直接的に現時点で売上げに結びつくものばかりでない。たとえば、人的資本分野におけるリスキリングも含めた能力開発や評価システムの再構築から導入、改善などは、現時点では非財務的だが、ある程度の時間をかけて従業員の生産性につながり、結果として売上げ（財務的価値）の向上につながると考えることができる。一方、人権配慮は、人的資本関連でも守りの分野といわれるように、対応は当たり前に求められ体制整備は費用としての側面が大きい。売上げへの影響として表面化するのは、むしろ問題があり、負のインパクトとなって表面化した時である。

　この一連の財務と非財務分野での活動を、ファンダメンタルズ分析を用いる株式の投資家は、企業の価値創造の一体的活動としていわば統合的にとらえている。なぜなら本来、未来志向である株式投資家は、非財務分野における活動の将来財務への影響の仮説を立て、企業の現在価値を理論的に算出し、1株当りの株価に換算するからである。その理論株価（フェアバリューともいう）が現在の株価に比べて高ければ、その企業への投資の好タイミングで、今後企業活動の進展と時間の経過によって理論株価に近づくと考える。このアプローチはESG投資よりも前からとられてきたものであるが、なぜいまこの統合的発想がより重視され、企業はそのストーリーを自ら発信せねばならないのか。それには以下の3つの理由がある。

　第一に、図表4−2の非財務的価値の時代や地域の目指す方向性への貢献（コンテクスト）に注目したい。金融がESG投資からサステナブルファイナンスへと拡張するなかで、グローバルレベルでの社会・環境におけるサステナビリティへの関心が、これまでとは比較にならないような大きな影響を企業の価値創造に及ぼしているからである。それは、世論の変化や、規制として準拠しなくてはならない企業活動の前提条件の変化に現れている。コロナ禍

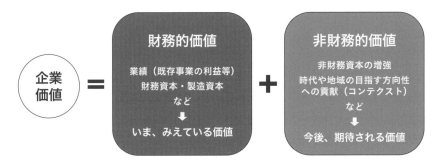

図表 4 − 2 ▶ 企業価値（図表 1 − 2 の再掲）
出所：筆者作成

やウクライナ侵攻といった社会情勢が、ESGやサステナビリティというコンセプトの揺らぎにつながっているともいえる現状において、企業が、このコンテクストをどのように考えるか、機動的な対応とパーパスや企業理念に立脚した長期的な立ち位置のバランスをどうとりながら対応するのか。このような複合的視点に立った情報が、企業の外にいるステークホルダーにとって従来よりも重要になってきている。

　第二の理由として、第一の理由の延長線上に、統合思考による経営こそが、差別化・競争力の源泉となる。資金提供者は次のような点に注目する。企業が社会と環境のサステナビリティとそれに応じた企業への期待を把握しているか、リスクの精査と事業拡大の機会の両側面から検討しているか、自社の立ち位置（規模、成長段階、事業ポートフォリオ、グローバル展開のレベル・方向性など）をふまえて経営戦略とそれを実行する体制づくりができているのかである。よって業績、ESG対応、取締役会の体制とバラバラに情報を提供するのではなく、それらが一体となったストーリーが大切となる。

　第三に、企業と対話する主体が増えていることも注目の理由になる。サステナブルファイナンスには、従来の投資家以外にも銀行、地域金融、証券会社、保険会社などさまざまな金融主体が企業の中長期的なサステナビリティについて精査し資金提供を行うことになる。直接的な問いを打ち返すだけでは不十分で、事業会社側は、統合した価値創造のロジックが構築されたうえ

に、財務、経営、事業戦略を掲げ、個別の情報開示や対話がある、という認識をもつべきである。

　投資家のなかでも、攻めと守りのエンゲージメント（対話）は運用機関の内部において別組織であることも多く、着目点が異なる。たとえば、決算関連の精緻な数値を確認するアナリストとのミーティングでは、アナリストたちは、一見財務情報にしか興味がないようにもみえる。しかしこれは、そのタイミングと限られた時間におけるアジェンダの優先順位によるもので、もしそのアナリストがファンダメンタルズ分析を重視するのであれば、必ずといっていいほど他の場面（有価証券報告書や中期経営計画説明会等）で非財務分野での活動やそれを遂行する経営体制（マネジメントクオリティーともいう）などの非財務情報を分析している。一方、スチュワードシップ活動においてそうであるように、グローバルかつ気候変動のようなシステミックリスクに関連する大きなテーマを取り上げていても、その裏側にある企業側の統合思考を理解しながらスチュワードシップ・コードで求めるところの「中長期的な投資リターンの向上」を目指している。現在の業績は過去の非財務分野での取組みの成果を含み、今後財務成果をあげるためには現在の非財務分野での取組みを財務資本との関係をふまえて説明できるように、企業内部においてロジックを整理すべきであろう。

　その他にも企業内部には専門部署としてサステナビリティ部や財務部、知的財産、研究開発関連、人事などESGで扱うテーマの部署がある。バラバラに資金提供者との対話を実施するのは非効率的なだけでなく、金融側も望んでいない。経営トップによるグランドデザインと計画、進捗の説明があり、経営層による各専門部署のオーケストレーションが対話力に差をつけるとみている。

4.3 経営と金融の共通言語：マテリアリティ

サステナブル経営を説明する際に、自社のマテリアリティを企業として特

定することには意義がある。まず、ESGの世界で、マテリアリティとは中長期的に財務インパクトのあるサステナビリティ課題である。このコンセプトの理解の鍵となるのは、有限な経営資源の活用のためにどの分野を優先するかを明らかにするツールである、という点である。マテリアリティは、株主ガバナンスのなかで、企業の経営資源の最適配分を確認し意見を述べる場合、投資家と企業の共通言語となるものである。

　多くの企業が、社会との調和への期待とビジネスモデルへの影響の両方が大きくなる部分を自社のマテリアリティとしているようだ。筆者は、分析の最終形がマテリアリティ・マトリクスとしてサマリーとなるにしても、実際にはその過程に各ステークホルダー（取引先、従業員、株主、地域、政府、NPO/NGO）の期待値、ISSBの基準のような業界横断的課題の精査、自社における個別課題の分析が必須であると考える。なぜなら、企業は、そのようなボトムアップ分析の積上げによって企業の外から内への期待（アウトサイドイン）を把握することになり、それを時々見直すことによって社会の影響

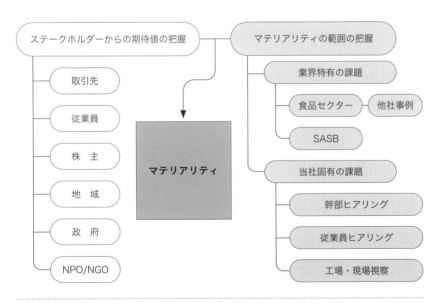

図表 4 - 3 ▶ マテリアリティ特定の方法（例）
出所：筆者作成

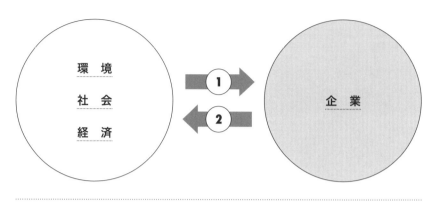

図表 4－4 ▶ ダブルマテリアリティ
出所：筆者作成

を受けたステークホルダーの期待をダイナミックにマテリアリティに反映できるからである（図表4－3）。

　ここまでのマテリアリティはシングルマテリアリティ（図表4－4の①）と呼ばれるものであるが、サステナブルファイナンスが広がる欧州では企業から社会への影響（インパクト）も考えるダブルマテリアリティ（図表4－4①と②）が開示基準に盛り込まれている。2023年半ばに発表されるISSBによる開示基準（シングルマリアリティ）とEUによるサステナビリティ開示規制（ダブルマテリアリティ）の2つの考え方がどのように整合していくかを注視する必要がある。

　マテリアリティに関して、中長期目標で掲げている重点項目と何が違うのか、との疑問が企業から示されることがある。これに関しては、ステークホルダーからの期待が反映されているのか（企業の独りよがりの目標設定ではないか）、業界特有の開示関連指標（ISSB基準など）を十分考慮に入れているか（すなわち業界での横比較ができるか）、という視点を見直すことでステークホルダー（特に資金提供者）との対話のベースとすることができる。

4.4 | インパクト志向と企業価値

　企業が価値を生み出す先にあるのは、製品やサービスという結果だけではないし、その対象者も直接的な顧客に限らない。その活動をふまえた先に社会における豊かさ（たとえばこれまでそのサービスが受けられなかった人にアクセスが広がることでより便利になる）の向上があるかもしれない。こういった成果や社会への影響まで考えることをインパクト思考と呼ぶ。

　インパクト思考は、サステナブルファイナンスのなかでもインパクトファイナンスやインパクト投資の発想をベースにしている。これまでリターンとリスクの２軸で考えられていた投資の世界に、社会的インパクトという新たな軸を導入したことが革新的であった。それまでも特に欧米では慈善的な投資として存在していたものの、2007年にロックフェラー財団が、金融機関、慈善事業のリーダーを集め、環境、社会的インパクトを創出するための投資のあり方を議論する国際会議を開催し、そのなかで生まれた言葉である。

　その後、2009年にはインパクト投資の国際ネットワークであるGlobal Network for Impact Investment（GIIN）が設立、その後もThe Global Steering Group for Impact Investment（GSG）が2015年に、2020年にはG20大阪サミットにおいてインパクト投資が首脳スピーチで登場し、国内でもSIIF（2018年発足）やGSG諮問委員会、SIMIや大手銀行、生命保険、ベンチャーキャピタル等が「インパクト志向金融宣言」に署名するなど、近年その広がりをみせている。2022年秋には金融庁サステナブル有識者会議の下部組織としてインパクト投資等に関する検討会が設置された[1]。

　企業にとってインパクト志向の重要性は２つある。１つには投資家（株、債券、プロジェクトなど）が事業や会社そのもののインパクトにこれまで以上に注目していることがある。たとえば、運用会社においてインパクト投資ファンドのようなものを設定する場合、そこには以下のような４つの要素が

1　金融庁「サステナブルファイナンス有識者会議　第14回議事録」2022年９月、https://www.fsa.go.jp/singi/sustainable_finance/gijiroku/20220920.html

含まれる。

① 意図的：環境面・社会面の課題解決への貢献に対する意図を持った投資であること

② 金銭的リターンの追求：金銭的リターンの獲得を目指す投資であること。ただし目標リターンの水準は様々である

③ アセットクラスの多様性：様々なアセットクラスにおいて実施可能である

④ インパクト測定・報告：投資に伴う環境面・社会面のパフォーマンスを測定し、報告することについて投資家としてのコミットがあること

（出所：金融庁）[2]

　多くの投資対象は非上場（未上場株式や貸付債権）が対象となるもの

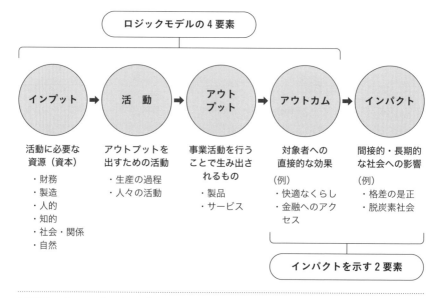

図表 4 − 5 ▶ ロジックモデル
出所：日本経済団体連合会「"インパクト指標"を活用し、パーパス起点の対話を促進する」を参考に筆者作成

2　金融庁・ニッセイアセットマネジメント株式会社「上場株式投資におけるインパクト投資活動に関する調査」報告書（2020年3月）

の、上場会社の株式を対象としたものもある。その際、企業の製品やサービスの供給によって生じるインパクトに注目するものが、企業のオペレーション（操業）によって生じる（会社全体）ものよりも多くなる（金融庁、脚注2）。

もう1つの重要性として、サステナブル経営の意義に立ち戻るとすれば、環境、社会的に好インパクトをもたらす製品・サービスを提供することにより自社のビジネスモデルも強靭化される点がある。つまり、ESGという経済、環境、社会が自社に与える影響（図表4－4の①）を考慮するだけでなく、自社の製品・サービスや操業を通じてどれだけ環境、社会に好インパクトをもたらせるかという発想（ダブルマテリアリティ）が広がっている。これは従来注目されてきたESGを超えるものであり、Beyond ESGの世の中の到来といえるかもしれない。

4.4.1　アウトプットからアウトカムへ

インパクトを意識する場合、企業の価値創造のとらえ方も進化している。6つの資本というインプットをもとに、自社の強みを生かした価値創造モデル（ビジネスモデルともいう）を通じて生み出される製品やサービスをアウトプットと呼ぶ。そこから事業や組織が目指す対象者への直接的な効果をアウトカムとし、間接的・長期的な効果、対象社会へのインパクトを測る上位目標を設定する。これら一連の論理的な因果関係を示したものはロジックモデルと呼ばれている。

自社の価値創造モデルを説明するうえで、日本でも900以上の統合報告書が作成されているが、その多くが国際統合報告評議会（IIRC）を参照する。事業活動自体と活動の結果（アウトプット）から成果（アウトカム）がポジティブとネガティブの両側面で創出されることまでを意識するように、2021年版で改訂された。

企業活動においてポジティブインパクトのみを追求することはむずかしい。たとえば自動車であれば、より多くの人が自動車を使うことで便利になると同時に、製造過程も含め温室効果ガスの排出が伴う。この場合期待され

るのは、ポジティブインパクトを拡大しネガティブインパクトを低減するために、企業としてどのような方針と活動と改善の時間軸があるのかである。

4.4.2 インパクトファイナンスの現実と課題

　日本においてもインパクト投資などインパクトファイナンスが広がるなか、事業会社はそういったタイプの資金提供者（投資家、保険会社、銀行、地域金融、政府ファンドなど）に、企業のパーパス、ロジックモデルをベースに自社の生み出す価値のストーリーを意識的に伝えるべきである。注意点としては、特にインパクト投資における課題としては、他のサステナブル投資全般に比べて発展途上であり、投資規模が小規模になりがちなため、運用額が大きな機関投資家にとって、オペレーションの煩雑さから現在はまだ急拡大はしていない。また、インパクトの計測についても、インパクト指標と計測をするスキルセットが国内ではまだ未熟であり、今後の拡充が期待される。受託者責任の観点からは、社会的インパクトを追求することでリターンが市場並み以上であってもアップサイドが限定されるような場合には、財務リターン、リスクとインパクトのバランスの説明がむずかしい。アセット・オーナー側での推進もこれから期待される分野である。これらの課題に対しては、先出の業界団体を中心とした国内エコシステムの発展におおいに期待する。

4.5 価値のコミュニケーション

4.5.1 アセット・クリエイター（企業）による主体的な発信

4.5.1.1 機関投資家と事業会社でのエンゲージメント

　筆者自らも機関投資家として活動してきたが、その場合、投資先企業へのエンゲージメントの最大の目的は株主価値をあげることである。すなわち提供した資本（投資したお金）に対して、どれくらいのリターンがあげられる

のか。これには、利益の分配としての配当と株価の上昇の2つの側面があり、それらを総合したリターン全体を株主総利回り（TSR）と呼ぶ。この場合のエンゲージメントは、最終的にその資金を提供した最終投資家（年金受益者など）のために、財務的リターンをあげることが、機関投資家の使命であり責任となることに依拠している。最終投資家個々人からすると、自ら仕事などで稼いだお金を投資しても、投資した額より少なくなったり、当初説明されていた期待するリターンの水準を下回っていれば、適切な投資成果が得られたとは言いがたい。それを避けるために運用担当者は最大限の努力をする。その行為の1つがエンゲージメントである。

4.5.1.2　6つの資本

しかし、投資された企業の側からみれば、単に資金だけがあっても事業は成り立たない。IIRC（International Integrated Reporting Council：国際統合報告評議会）は、よくいわれる「ヒト、モノ、カネ」を、ESG経営の時代に沿ってさらに緻密に分類し、企業経営に必要な「資本」として6つを提示した。それは、財務資本、製造資本、人的資本、知的資本、自然資本、社会・関係資本である。つまり、IIRCは、企業自体が保有する資産のみならず、空気や水など環境・社会がもつ経営に必要な資源も資本として考慮することを求めている。企業は、これらの限られた資本をうまく配分して業績をあげ、それぞれの資本の提供者へと価値を提供していくことを求められている。

このように考えると、投資家側と会社側の立場の違いによって、ともするとエンゲージメント（対話）において、意見の食い違いが起きることは当然である。たとえば人的資本を例として考えよう。企業にとって、従業員はなくてはならない経営資本の1つであり、従業員のやる気や企業への良い感情がなければ、日々の事業はもとより将来に向けた研究や開発をすることすらむずかしくなるだろう。

一方、世界的にみて、機関投資家は、これまで人的資本よりも財務資本に対するリターンを重視して企業を分析し、大げさにいえばブラック企業かどうかは気にせず、人件費を抑えてでも利益を大きくしてそれを株主に還元すれば、良い投資先と位置づけるきらいがあった。結果として、投資家が社会

問題などに心を向けないという点で短期主義志向となり、企業の持続可能性を削ぎ、社会での格差を生み出す側面がクローズアップされた。それゆえ近年は、機関投資家も、財務資本だけではなく、人的資本や自然資本（いわゆる環境資源）に対しても、企業の取組み方に注目をするようになってきた。

4.5.1.3　事業会社でエンゲージメントを受けた経験

実際に筆者が社外取締役を務める事業会社で、エンゲージメントを受ける側になった事例を述べる。社外取締役による積極的な対話の機会を設ける企業はまだ少数派であるが、当社（武蔵精密工業株式会社）は数年前からIR（投資家対応）チームと社外取締役の協働で実施している。足元の事業の説明は四半期ごとのIRミーティング（IRチームと複数の投資家、アナリストによるミーティング）でなされているため、このミーティングでは、会社側からは中長期テーマにフォーカスして話をすること、社外取締役としてはその貢献する分野について話すこと、とした。

投資家は、TSRと関連する財務成果に関する質問はもちろんのこと、脱炭素社会に向けた気候変動への対応策、新規投資、社外取締役としての女性活躍への貢献など、先出の6つの資本でいう財務、製造、人的、知的、自然、社会・関係資本への興味を示し、企業価値をあげていくにはこうしてほしい、という具体的な要望も示した。

4.5.1.4　社外取締役によるエンゲージメントの意義

そもそも取締役は、日々の経営の執行から独立した立場で、会社の長期的な方向性や経営の監督を行う役割をもつ。また社外取締役は、それに加えて自分の専門的な分野（筆者の事例では20年以上の機関投資家としての経験やネットワークやサステナブル経営への知見）を生かして、社内では気づきにくいことに対して気づきを与え、企業価値向上のきっかけとする役割もある。そういった立場の社外取締役が投資家と直接エンゲージメントすることは、双方にとって現状をより理解する機会となるだけでなく、緊張感をもつことにもつながることを、事業会社の側に立つことで実感できた。より多くの会社で社外取締役もエンゲージメントの機会があることを期待する。

さらに、社内でのエンゲージメントという重要な役割もある。投資家との

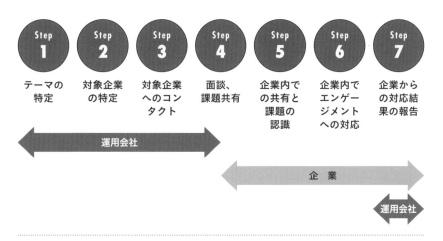

図表 4 − 6 ▶ エンゲージメントのステップ（例）
出所：筆者作成

ミーティングへ出席したところから、社内に向けてのエンゲージメントが始まる。ミーティングで質問されたこと、期待されるポイントについて実際に社内に持ち帰り、その後個別に担当役員、関係者と、あるいはサステナビリティ戦略会議の場などでフォローアップしていくことになる。当面課題は社内での検討や取組段階となるが、成果が出てくるタイミングでIRミーティングや統合報告書などを通じて、対話の相手にも報告していくことを社外取締役は期待されている。筆者が投資家と事業会社の両方からエンゲージメントにかかわることができたということは、貴重な経験であった。あらためて双方のむずかしさや事情があることを実感できた。

4.5.2　ESG開示から見る統合報告書のあり方

※本項は、証券アナリストジャーナル2021年11月号に、小野塚惠美＝貝沼直之「ESG開示からみる統合報告書のあり方」より許可を得て抜粋・加筆したものである。本節の著作権は日本証券アナリスト協会に属し、無断複製・転載は禁じられている。

企業による長期的な価値創造（LTVC）（短期利益を追求しないこと、ステー

クホルダーに配慮することなど、典型的にはBusiness Roundtable（2018）[3]の意味づけ参照）において、企業のシェアホルダーとステークホルダー（関係者）マネジメントのツールの1つとして、統合報告書を位置づける。これは、Strebel et al.（2020、以下「SCK」という）[4]がいう「どのステークホルダーがシェアホルダーに長期的な価値をもたらすかを見極め、他のステークホルダーがもつ価値破壊の罠を回避する」（筆者訳、以下同じ）との考えに基づいている。企業は、シェアホルダーに対しては資本提供の要求コストを上回るリターンを提供する一方、ステークホルダーに対しては財務的な価値以外の価値も含めた要求に応える必要がある。この両立を言い換えると、財務的な成果と、将来財務価値に変換される現在の非財務的な取組みを統合的に考え、優先順位やコンテクストを説明する企業の経営トップの発想であり責任（アカウンタビリティ）である。そう考えると、統合報告書は、単なる開示のツールにとどまらず経営のあり方を体系化したものとなることが適切である。

　SCKが与えた「どのステークホルダーがシェアホルダーに長期的な価値をもたらすかを見極める」という規範（ディシプリン）は、株主価値の重要性に立脚している。ここで、ステークホルダー資本主義対株主資本主義のどちらかに立つ必要はない。田中（2019）[5]は、株主第一主義が「取締役に株主以外の者の利益を考慮することを禁じるものではなく、それが将来的に株主価値に結びつくことを要求するもの」であるとする。さらに近年、シェアホルダーを代表する機関投資家は、スチュワードシップ責任の浸透により、他のステークホルダーの価値も総合的に配慮することが期待されており、シェアホルダーの短期的利益のみを追求するという暴走を防ぐことが可能になっていると考える。

3　Business Roundtable, "Long-Term Value Creation", October 18, 2018, https://www.businessroundtable.org/policy-perspectives/corporate-governance/long-term-value-creation

4　Strebel, Cossin, Khan, "How to Reconcile Your Shareholders With Other Stakeholders", MIT Sloan Management Review；Cambridge61巻4号（Summer 2020）：1-8

5　田中亘「株主第一主義の意義と合理性―法学の視点から―」証券アナリストジャーナル58巻11号7～11頁（2020年11月）

そこで、企業による情報発信（開示、コミュニケーション）を考えるにあたって、その内容とシェアホルダーとステークホルダー（従業員、顧客、政府（規制）、環境（NGO）など）の「固有周期」との一致を意識することが重要となる。固有周期を簡単にいえば、各主体それぞれのもつ経営成果に対する「タイムホライズン」あるいは「時間感覚」とでも呼ぶべきものである。経営者は、シェアホルダーとステークホルダー間のダイナミズム（周期の違い）を的確にとらえ、さまざまな場面において自社の戦略とのアライメントを考える必要がある。

　企業は、経営者自らステークホルダーに配慮した企業のパーパス（存在意義）を提示して、LTVCを念頭に優先順位をつける際の基軸とすることができる。営利組織である株式会社（特に上場企業）は、その過程で財務的価値もあわせて提供することが必須となる。社会が与えるE（環境）、S（社会課題）を代表するマテリアリティと、それらを含めた将来の財務価値創造をコントロールするG（株主ガバナンス）がある、と考えれば、ESGの観点に絞って統合報告書と企業価値向上を考えることは、きわめて包括的に経営戦略、ステークホルダーマネジメント、財務・非財務価値を考えることになるはずである。

　長らくESG開示が議論されてきたが、いま特に注目される理由として、LTVCはステークホルダーへの配慮や相互の影響を含む価値の「共創」のプロセスであるという認識が浸透しつつあるものの、企業の情報発信とステークホルダーを巻き込んだ価値創造のダイナミズム（具体的には、たとえば各主体の時間軸の違い）のマネジメントにはまだ発展の余地があるという課題意識が広がっているためである。さまざまな非財務開示の枠組みが検討されているのもそれが背景にあるといえる。具体的には、これらの指摘は、経済産業省（2017）[6]『価値協創ガイダンス』「価値協創のための統合的開示」をはじめ、VRF（IIRCやSASB）の開示推進の方向性とも合致している。もちろんCGコードが改訂されESG開示／サステナビリティ領域が増えること、そし

6　経済産業省「価値協創のための統合的開示・対話ガイダンス―ESG・非財務情報と無形資産投資―（価値協創ガイダンス）」2017年5月29日

てそれが東証市場区分と紐づけられること、以上についての企業側のインパクト（影響度）について、投資家（証券アナリスト）も経営者も心を向け始めたことが（なぜ注目されたかというより、そうするべきというソフトローの結果として）具体的な注目の背景ではある。

　LTVCを掲げる企業経営においてパーパスを軸とした経営を推進する場合、適切な程度に高い財務パフォーマンスをあげられることが条件、言い換えれば、財務パフォーマンスとしての価値創造は存在意義に含まれると考える。SCKは、「パーパスが主導する組織であることの特権をもつことができるのは、財務パフォーマンスを提供する場合に限られる」としたうえで、ステークホルダーから価値創造者を選び出すことを経営に求める。ESGの配慮で知られた仏企業ダノンのCEOが収益改善策の不足を理由に株主総会で解任されたことはよく知られている。酒井（2021）[7]は、ESG経営のむずかしさの１つに「長期的なビジョンと短期的な収益のバランス」をあげている。

　ビジョン、ミッション、バリュー、プリンシパルなど、これまで会社の方向性を示すような言葉はさまざまあった。そしてさらに、組織には説得力ある「パーパス」が必要だという声が高まっている。本稿は、Graham（2014）[8]の解説に基づき、ここでいうパーパスとは日本企業でいう理念にも包含される概念ともいえるが、それはステークホルダーの視点を重視して経営者が提示する存在意義であり、それに納得することで、企業の営利活動が成り立つと考える。時にこれは論理的な説得性以外にも心理、道徳的な納得性をステークホルダーがもつ基盤となる。たとえば、世界最大の食品飲料会社であるネスレ（2021）[9]は「食の持つ力で、現在そしてこれからの世代のすべての人々の生活の質を高めていきます」をパーパスとして掲げている。これは従業員、顧客、ペット、社会に対しての存在意義であり、環境対策の１

7　酒井耕一「仏ダノン、パーパス経営のCEOを解任」日経ビジネス2021年５月12日付、https://business.nikkei.com/atcl/gen/19/00159/050600023/

8　Graham Kenny, "Your Company's Purpose Is Not Its Vision, Mission, or Values," Harvard Business Review, September 3, 2014

9　CEOメッセージ、ネスレ日本、https://www.nestle.co.jp/aboutus/message（2021年８月10日時点）

つである気候変動対策についても慈善活動ではなく、株主への価値提供の一環として2030年までに温室効果ガスの排出量の半減、2050年までの実質ゼロ化を目指していると説明している。情報拡散のスピードが増し、社外のステークホルダーへの透明性が重視され、ロイヤリティよりも組織との対等な関係と自発的な貢献意欲によって活動する従業員との関係構築は、LTVCの基盤である。

そのなかで、幅広く時期により重要性も変化するステークホルダー群から、適切に価値創造者を選び出し、どう説明するか、バランスをとるかは企業経営者に委ねられている。信頼され、心理的に安心感のあるコミュニケーションと共創的文化の醸成が求められる。

SCKによれば価値創造者とは、長期的な企業価値をドライブする存在で、たとえば顧客、従業員、生態系におけるパートナー等である。一方で、財務パフォーマンスを向上することを阻害するフリーライダーともいうべき存在もある。それは継続的な赤字を出している事業部、実績に見合わない高額報酬をとっている役員、LTVCと整合しない慈善活動家などである。このほかにも、明らかに企業の価値創造を阻害する短期的な株主価値のみを追求するアクティビストや腐敗した関係者がいる。また短期的には自ら声をあげない環境（将来世代とも言い換えられる）や従業員、長期債権者は被害者となりうる。

この四者のバランスをうまくとり、経営者は価値創造の阻害をブロックする方策を立て、価値創造者とは長期的関係を前提とした信頼の醸成、経済的価値の提供、心理的安全性の高いコミュニケーションの場を構築することが重要となる。たとえば短期的に利益創出がむずかしい状況にある場合の配当の引下げや自己株取得を行う場合、これら一連の対応が長期的な戦略においてどのようにLTVCと整合するのかを経営トップ自ら語る必要がある。

その際、企業における資本提供者との関係、価値創造プロセスの説明を中核とする統合報告書は優先順位やコンテクストを説明する経営のあり方であり、その有益なツールとなる。異なる観点からみると、伊藤（2016）[10]は、「統合報告書に基づいてステークホルダーエンゲージメント（ステークホル

ダーとの対話）を図ることで戦略策定への情報利用にも有益であると主張」
したうえで、「統合報告書の作成目的は，情報ギャップの解消と信頼性の向
上という情報開示にあるだけでなく、管理会計というアプローチから考える
と、経営もしくは戦略策定への情報利用にあるという点も忘れてはいけな
い」と述べている。ステークホルダーとの対話が戦略策定に有益な情報を与
えるということは、SCKの「価値創造者の選択と良いコミュニケーション
の重要性」と同じ結論とみなしてよいだろう。

　石島（2015）[11]では、統合報告書の事例から経営高度化に資する取組みが
抽出されたとして、(1)マテリアリティアセスメント、(2)長期経営ビジョン、
(3)事業による価値創造とCSRによる企業価値保全の評価指標の設定とモニタ
リング、(4)事業ポートフォリオトランスフォーメーション、(5)社会的責任に
関するコミットメント、(6)ステークホルダーエンゲージメント、をあげてい
る。

　本書では、発信側である経営者のツールの１つとして統合報告書を位置づ
ける。具体的には、情報発信（開示、コミュニケーション）において、その内
容とステークホルダーごとの「固有周期」（投資ホライズン、人材開発、事業
や製品、環境対策など）との一致を意識することが重要だ。経営者はステー
クホルダー間のダイナミズムをとらえて場面場面でアライメントを考える必
要がある。統合報告書はそこのダイナミズムをステークホルダー間でも可視
化できるツールである。

　本来ESG開示は統合報告書よりも広い概念としてとらえるべきだが、ここ
では統合報告書におけるESG開示に焦点を当て、それがステークホルダーマ
ネジメントの観点をもっていることを「良い」と考える。具体的には、ESG
にかかわるステークホルダーをあげ、それぞれの固有周期を想定することを
試みて、ESGへの取組みのへの結果までの時間軸として読み手との認識合わ
せの方法として提示する。投資家は、ESGに関する説明の背後にある企業の

10　伊藤和憲「統合報告書に基づく価値創造プロセスの比較研究」専修商学論集103号（2016.7)
11　石島隆「統合報告と経営高度化の関連性―サスティナブル経営の観点から―」横幹2015年９巻
　　１号38〜43頁

パーパスを理解したうえで、企業の決める優先順位をある程度「納得して」理解できる。またそのようなカルチャーの醸成をすることが望ましいと考える。これらの指摘は、VRF（IIRCやSASB）の方向性とも合致している。

World Economic Forum（2020）[12]によれば、ステークホルダーには従業員、顧客、サプライヤー、地域と株主が含まれる。IIRCでは、「ステークホルダーは経済的、環境、社会の課題に洞察をもたらし、企業の価値創造に貢献する」とある。とすると加えて政府（規制）や環境（NGO）、株主以外の資金提供者も含まれると考える。

まず、統合報告書で多くの企業の想定する主たる読み手である投資家であるが、さまざまなスタイルや戦略、株式や債券など違いは前提とするも、実務面からすると、おそらく数時間から数週間で売買をする投資家は統合報告書を深く読み込むことはない。一方で、実質的な長期間にわたり保有をするパッシブ戦略の投資家にとっても、企業の取組みの成果を測るうえでは何十年も時間があるわけではない。中長期的な投資リターンの向上に向けた責任としてのスチュワードシップ活動はパッシブ運用の重要な活動の1つとされるが、固有周期は企業の中期計画と同様、1年単位の短期目標設定と3年程度一括りのエンゲージメントと行動変容の期待のタイムフレームであることが多い。期待される行動変容につながらなかった場合は、その後対話の強度を上げるエスカレーションへと進展する。

従業員の固有周期をみてみたい。近年、従業員とのエンゲージメントが重要視されるようになったのは、「働きがい」（働く価値があると思う）や「働きやすさ」（苦労や障壁が小さい）が企業価値に影響を与えるという検証結果が示されており、西家・長尾（2021）[13]は、実際にそれが企業財務に影響を与えるのは2～3年であるとしている。

また、人的資本の活用において重要となる人材開発の面からは、実地研修

---

12 World Economic Forum, "Measuring Stakeholder Capitalism, Towards Common Metrics and Consistent Reporting of Sustainable Value Creation," WHITE PAPER, September 2020, http://www3.weforum.org/docs/WEF_IBC_Measuring_Stakeholder_Capitalism_Report_2020.pdf

13 西家宏典＝長尾智晴「従業員口コミを用いた働きがいと働きやすさの企業業績との関係」ジャフィー・ジャーナル19巻（2021）

は短期（数カ月～1年程度）、ステップアップ研修は中期（数年）、企業文化の改革を含むと長期（おそらく5年以上）（Phillips（2003）[14]）で効果が期待されるとしている。それぞれの項目にあわせて期待する効果を説明することに意味がある。

　顧客やサプライヤーに関係する固有周期は、「個々の事業におけるビジネスサイクル」であり、業種業態によって異なる。たとえば、半導体ならシリコンサイクルの3年、重電なら電力サービスの12年などとなり、業態ではBtoCは比較的短く、BtoBやBtoG（政府）の場合は長くなる（若林（2019）[15]）。したがって、大きな構造転換に直面する自動車業界の開発サイクルはこれまで5～6年といわれていたが、EV化する過程でそれも2～3年と短縮するなどダイナミックに変化すると考えられるため、事業環境や経営戦略のコンテクストをふまえて説明する必要がある。

　環境対策の代表例としては、気候変動対応の開示の枠組みとしてTCFDがあるが、4つの視点のうち「戦略」において短期、中期、長期的なリスクおよび機会を開示するように推奨している。たとえばSASBによるTCFD実務ガイド（2019）の例にあるAgriCo社は、短期リスクを「直近の業績に影響を及ぼす可能性のあるリスク」とし、年次報告書サイクル（1年）を想定している。中期については、「戦略の大幅な調整を必要とする可能性のあるリスク」として2～5年の期間で顕在化する可能性のあるリスクをみており、長期については、「ビジネスモデルの実行可能性に根本的に影響を及ぼす可能性のあるリスク」として5～10年を想定している。これらは、当社の想定する環境対応の固有周期であり、読み手との前提条件の認識合わせに貢献する。

　生田・藤井（2020）[16]は、非財務情報開示はROAに対して正のインパクトがあり、非財務情報と効率性にはUの逆相関があるとしている。これは、適

14　Phillips Jack J., "Return on Investment in Training and Performance Improvement Program," Elsevier Inc., 2003

15　若林秀樹「経営を重心で分析する～経営重心2.0」ネクストウェイブリサーチ（2019）

16　生田孝史＝藤井秀道「企業の非財務情報開示とESG経営に関する研究展望」環境経済・政策研究Vol. 13、No. 2（2020. 9）、44～56頁

度な開示が企業価値にとって有効であることを示唆する。社会課題解決が企業の存在意義とより密接になっていくこれからは「アウトカム（企業活動がもたらした変化）からインパクト（企業活動による社会への影響）を示し、さらにインパクトの価値を計測することが望まれる」と述べている。

Appendix

サステナビリティと企業価値
（サーベイ）

　サステナブル経営やサステナブルファイナンスの成果を企業価値上昇としてとらえる試みは多いが、実証分析の結果や結論はまだ明確とはいえない。そもそもサステナブル経営やサステナブルファイナンスが始まってまだ歴史が浅く、将来のあるべき姿を想定してバックキャストするというサステナブル経営や投資の主旨から、過去の事例、サンプルからの実証は、特定企業や事件のケーススタディに限られる。

　できる限り伝統的なファイナンスの視野で、個別企業における企業価値すなわち株主価値の上昇を想定する場合、主に３つの経路が想定される。サステナブルな企業戦略の実行による、⑴将来キャッシュフローの上昇、⑵将来キャッシュフローのリスクの低下、⑶事業継続期間（＝キャッシュフロー獲得期間）の伸長、が考えられる。さらに、企業負債に与える影響を考慮する企業価値すなわちエンタープライズバリューの観点でみる場合を加えると、⑷負債リスクの低減、⑸倒産確率の低下（⑶⑷と類似するが計測方法が追加される）などもある。伊藤（2021）[1]は、サステナビリティと企業価値の関係について整理している。

　サステナブルファイナンスの観点からの企業価値の理論構築とモデル化はまだ途上と考えられるが、まず実証分析の先行研究を概観する。実証分析では、株価リターンに対して、主要なESG関連指標（ベンダーのスコアなど）、CO_2排出量、ESG項目の開示状況、との関係を調べるものがある。また、社債スプレッドに対して同様の説明変数で関係を調べるものもある。同じような変数のセットでも異なる目的（上記の⑴〜⑸まで）で実証分析が行われてきた。特に気候変動への対応が説明変数となる実証分析が多い。ここでしば

1　伊藤晴祥「サステナブルファイナンス時代の情報開示と企業価値―企業価値向上をもたらす情報開示とは―」証券アナリストジャーナル2021年２月号

しば使われるESGに関するスコア（たとえば環境スコアなど）について、一般に使われるベンダーのスコアに関しては湯山（2020）[2]に詳しい。このほか、研究のために国ごとのSDGsのスコアをつくり、個別企業ではなく国別の市場についての実証分析も行われている。

どの分析結果も過去にさかのぼる限り結果がまちまちであることは仕方ないが、今後ESGの浸透に伴い、多くの分析が提示され、その真価が示されるだろう。

理論モデルの構築の試みは、Zerbib（2022）の試み[3]などがある。ファイナンス理論の中心的存在であるCAPMの仮定を変更し、新たな効用関数をつくってマーケットラインではない最適解を見出さなければならないのか、あるいは長期・均衡の概念の枠組みが、たとえば「外部性の内部化」を効用関数などで包括できるのかは、まだ検討が必要と思われる。

1　サステナブルファイナンスの企業価値とアナリストの意義

まず、サステナブルであることが企業価値につながる理論的背景として、教科書として著名な『サステナブルファイナンス原論』[4]は、効率的市場仮説という伝統的金融経済学の背骨部分を「適応的市場仮説」に転換することで、サステナブルファイナンスの基礎を構成できると考えている。効率的市場仮説つまり「全てのマーケット参加者は合理的であり、最も効率的なポートフォリオを選ぶ」という仮定である。これに対して、ロー（2020）[5]の提唱で知られた適応的市場仮説は、市場における人間の行動が生物学の「適応」に近いかたちで動くと想定し、これまでの効率的市場仮説を修正した。これは、たとえば経済学で期待インフレーションがすべての利用可能な情報から

2　湯山智教『ESG投資とパフォーマンス―SDGs・持続可能な社会に向けた投資はどうあるべきか―』第3章（金融財政事情研究会、2020）

3　Zerbib；Olivier David, "A Sustainable Capital Asset Pricing Model（S-CAPM）：Evidence from Environmental Integration and Sin Stock Exclusion", Proceedings of Paris December 2020 Finance Meeting EUROFIDAI-ESSEC, Last revised：May 2, 2022（SSRN）

4　ディアーク・シューメイカー＝ウィアラム・シュロモーダー著／加藤晃監訳『サステナブルファイナンス原論』（金融財政事情研究会、2020）

5　アンドリュー・W. ロー『Adaptive Markets適応的市場仮説―危機の時代の金融常識―』（東洋経済新報社、2020）

「合理的期待」により形成されるというよりも過去の傾向をふまえて「適応的期待」により形成される傾向があるという考え方の類推でとらえてもよいだろう。

『サステナブルファイナンス原論』では、「市場効率の程度は、変化する環境に適応する個人の進化モデルに依存する」ので、「特定の市場で少数のグループが活動している場合、その市場の効率は低下する」と説明しており、環境リスクなどのいわば新しく発見されたリスクは、まだ投資家による十分な検討がされていないため、効率的な価格づけがされていないと説明できる。それゆえ、情報が重要な意味をもち「長期にわたる価値創造とそれに関連するコミュニケーションについて定期的な統合報告を行うことになる」としている。

市場参加者が状況に適応すれば、おのずと社会・環境要因が証券価格に反映されるはずだと考えることができる。ここには、ファンダメンタルアナリストのような「適応的な専門家」が必要であると主張している。加藤(2021)[6]も「適応的市場仮説に従えば、開示情報の不完全性・非構造化は、投資対象企業のビジネスモデルをより深く理解すべく取り組むアナリストにとっては、ビジネスチャンス」と述べる。

また、村澤(2021)[7]は、ステークホルダー理論と親和性のあるスチュワードシップ理論が人間が限定合理的に行動することを想定している、と指摘した。不完備市場において、従業員や顧客が適切に法的に守られない可能性などから、ステークホルダーそれぞれに残余請求権があるとの立場に立つ。そうであれば、株主価値は長期的にも企業価値とは同じにならないことになる。しかし、村澤(同)は機関投資家の役割を重視しており、機関投資家がスチュワードシップを選択し、ステークホルダー間の利害調整を担い、価値創造のエンゲージメントを行うことで、最終受益者の利益最大化を目指すことができるとしている。アナリストを含む機関投資家の役割の重視という点

6　加藤晃「サステナブルファイナンスをめぐる規格化の動き―その意義と問題点―」証券アナリストジャーナル2021年2月号

7　Chapter 2 注17

は共通している。

アナリストなどが形成する期待への適応とは逆の論点として、Shohfi and White（2020）[8]は、実証分析の結果、公開企業の個々のブロックホルダーによる慈善活動は、富の最大化に対する選好の弱体化を意味すると指摘する。慈善活動に熱心な大株主の存在は、株主全体にエージェンシーコストを負わせることになると指摘している。このようなケースでは、アナリストなどの活動が大株主の専横を洗い出すはずだ。機関投資家は、卓越した企業と建設的な対話（エンゲージメント）を行う場合、スチュワードシップに基づく対話を行うが、エージェンシーコストが高い場合、プリンシパル・エージェント理論に基づく行動をとらざるをえないだろう。

適応的市場仮説において、ESG投資を含むサステナブルファイナンスは、株主に慈善活動のようなコスト負担（株価パフォーマンスの長期的な低さ）を求めるものではない。情報の非対称性（企業と一般投資家の間の情報量の違い）による株価の本来の価値からの低迷があるとすれば、シューメイカー＝シュローモーダ（2020）や加藤晃教授[9]の指摘するようなアナリストの活躍の場をもたらすものであるはずだ。

2　サステナビリティと市場価値の実証分析結果

さまざまな実証結果があるが、一言でいえば、サステナビリティと市場価値の関連性は「状況次第」といえる。多くの論文では、状況次第で企業価値向上の効果が出るからこそ、投資家と企業がその成果を獲得できるように行動することを求める結論となっている。また、成果が出てくるための条件を明示できることが、今後の研究に求められる。

ここでは、株式、債券を含む負債、リスク、マクロ経済と制度等、開示について、順に実証分析の先行研究をサーベイする。

8　Shohfi；Thomas D., and Roger M. White, "The dark side of individual blockholder philanthropy," Financial Management, Vol. 49, Issue 3（Autumn（Fall），2020）：741-767

9　前掲注6

2.1　株式──キャッシュフロー増大、資本コスト低減を含む

　株式価値は、伊藤（2020）[10]が割引キャッシュフローモデルを使って説明するように、モデルの分子であるキャッシュフローの増大かあるいは、分母のリスクプレミアムの減少によって上昇する。この論文では、「サステナブルバンキングの実践により日本の銀行が企業価値を高めることができるか」を考察し、企業価値向上のために銀行が取り組むべきサステナブルバンキングを提唱するものである。銀行に限らず、企業は一般に「論理的には」サステナブルな行動によって、キャッシュフロー拡大かリスクプレミアムの減少か、その両方によって企業価値拡大をもたらすことができる。しかし、以下の実証研究の多くが、結果はさまざまな「条件をつける」必要があることを示している。

　サステナビリティのマテリアリティの株価パフォーマンスへの影響の代表的な実証分析の１つが、Khan, Serafeim, and Yoon（2016）[11]であろう。基本的に、持続可能性のマテリアリティへの投資は、高いものが低いものをアウトパフォームするとしている。ただし、マテリアリティではない問題についての対応は良くない（Poor）ほどパフォーマンスが良いので、効率的な選択が重要であるとしており、適切な評価と選択を成果の条件としている。

　Gregory, Tharyan, and Whittaker（2014）[12]は、企業の社会的責任（CSR）が企業価値に及ぼす影響を調査し、予測される収益性、長期的な成長、および資本コストへの影響を分解したうえで、企業価値への効果は、主に長期的な成長見通しの向上に関連するCSRパフォーマンスによってもたらされ、自己資本コストの低下によってもたらされる部分は追加的な小さい貢献でしかないと結論づけた。

　これに対して、Madhavan, Sobczyk, and Ang（2021）[13]は、運用資産が

10　伊藤晴祥「企業価値創造をもたらすサステナブルバンキング」金融調査研究会報告書第4章、
　　https://www.zenginkyo.or.jp/fileadmin/res/abstract/affiliate/kintyo/kintyo_2020_I_7.pdf

11　Khan；Mozaffar, George Serafeim and Aaron Yoon, "Corporate Sustainability : First Evidence on Materiality," The Accounting Review, Vol. 91, No. 6 (November 2016)

12　Gregory, Alan；Rajesh Tharyan, Julie Whittaker, "Corporate social responsibility and firm value : disaggregating the effects on cash flow, risk and growth," Journal of Business Ethics, 124 (2014) : 633-657

160

3兆9,000億ドルにのぼる1,312のアクティブな米国株式ミューチュアルファンドに関するデータを使用して、環境スコアが高いファンドは、クオリティとモメンタムのリスク・ファクターのエクスポージャーが高い傾向にあるとした。つまり、ESGの企業別の「良いスコア」が銘柄固有の卓越したリターン（アルファ）の源泉ではなく、企業のROEなど利益の質や株価の勢いなどの別の「リスク」要因と関連しているにすぎないとしている。これは、Gregory，Tharyan，and Whittaker（2014）とは反対の帰結で、ESGよりも以前から知られているリスク・ファクターから得られたリターンでしかないとの指摘である。

Hartzmark and Sussman（2019）[14]は、株式市場の評価を投資家の資金の米国のミューチュアルファンド市場への流出入の観点から調べ、持続可能性が低い志向のファンドと分類された場合、120億ドル以上の純流出が発生し、持続可能性が高いと分類された場合、240億ドル以上の純流入が発生したとして、投資家の需要があることを指摘している。この因果について、MBAの学生などを対象とした実験で、環境や社会課題への配慮のレーティングを知っている場合、リスクや期待リターンよりもレーティングの高い銘柄への資金配分が多い傾向にあるとし、レーティング情報が非金銭的動機による銘柄選択を促すとした。

Tang and Zhang（2020）[15]は、2007～2017年までの28カ国の企業によるグリーンボンド発行の発表後の株価リターンはポジティブであるとした。企業がグリーンボンドを発行した後、特に国内機関投資家の株式保有が増加、株式の流動性が大幅に向上するので、グリーンボンドの発行が（負債コスト低下ではないが）株価需給面で既存の株主にとって有益であるとしている。

Ito（2018）[16]は、企業のSDGsへの貢献は、それが投資家ベースを増加さ

13　Madhavan;Ananth, Aleksander Sobczyk & Andrew Ang, "Toward ESG Alpha: Analyzing ESG Exposures through a Factor Lens," Financial Analysts Journal, Vol. 77, Issue 1 (2021)：69-88

14　Hartzmark；Samuel M., Abigail B. Sussman, "Do Investors Value Sustainability? A Natural Experiment Examining Ranking and Fund Flows," Journal of Finance, Vol. 74, Issue 6 (December 2019)

15　Tang；Dragon Yongjun and Yupu Zhang, "Do shareholders benefit from green bonds," Journal of Corporate Finance, Vol. 61, Issue C (2020)

せることができれば、企業価値にプラスの影響を与えるとの論理を示した。仮に短期的にSDGsに配慮する企業の株式やそのファンドの供給曲線が直立（株数規模一定）していれば、需要の増加により価値が増大する。ただし、投資家ベースの増加による企業価値へのSDGsのプラスの影響は、SDGsへの過剰な投資によるキャッシュベースの企業価値の破壊によって相殺される可能性がある、とも指摘する。投資家がSDGsに配慮する（無差別曲線が曲線）場合の最適点のほうが、配慮しない（効用関数がSDGsの効用に対して直立）場合の企業価値最大化の最適点よりも低くなる可能性があるとしている。

また、2008〜2009年の金融危機時を取り上げたLins, Servaes and Tamayo (2017) [17]は、この時期において、企業の社会的責任（CSR）の強度で測定されるソーシャルキャピタルの高い企業は、ソーシャルキャピタルの低い企業よりも4〜7％高い株式リターンであったことを報告している。また、CSRの高い企業は、CSRの低い企業と比較して、収益性、成長率、従業員1人当りの売上高が高く、より多くの負債を調達できた。企業と利害関係者や投資家との間の信頼は、少なくとも金融危機時には報われると結論している。

類似のケーススタディとして、Bae et al. (2021) [18]は、COVID-19パンデミックによる市場の暴落と暴落後の回復における企業の社会的責任（CSR）と株式市場のリターンの関係を、1,750の米国企業のサンプルとCSR評価で調べた。暴落期にCSRが株式のリターンに影響を与えたとはいえないが、CSRが組織に適切に組み込まれた一部企業（MSCI ESG Rating／Refinitiv statsによる）では、パンデミック危機の間のCSRと株式リターンの関係は弱いながらも存在する。一言でいえば、投資家が本物のCSRとCheap talkを見分けている可能性があるとしている。つまり単なるスコアではなく、企業行動が適切であるという条件が企業価値向上に必要である。

16　Ito；Haruyoshi, "Analysis of Impacts of SDGs Activities on Firm Value and Utility：Proposals of SDGs Finance and Indices in Japan," リアルオプションと戦略10巻1号（2018）

17　Lins；Karl V., Henri Servaes and Ane Tamayo, "Social Capital, Trust, and Firm Performance：The Value of Corporate Social Responsibility during the Financial Crisis," Journal of Finance, March 2017

18　Bae；Kee-Hong, Sadok El Ghoul, Zhaoran（Jason）Gong and Omrane Guedhami, "Does CSR matter in times of crisis? Evidence from the COVID-19 pandemic," Journal of Corporate Finance, Vol. 67, Issue C（2021）

環境リスクからのアプローチが、Fernando et al.（2017）[19]である。一般に環境リスクにさらされる株式の評価額が低いことから、企業が環境リスクのエクスポージャーを減らそうとする政策が株主価値を生み出すと考えられる。しかし、環境への配慮（「グリーンネス」）を高める方針については、株主価値が高まっておらず機関投資家が敬遠しているとみられる。つまり、環境にかかわる企業行動はリスクを通じて株主価値とリンクしているが、環境配慮だけについてはそれほどでもなく、価値関連性は選択的であるといえる。

日本市場に関する分析には、Shirasu and Kawakita（2021）[20]がある。日本における企業の社会的責任（CSR）の活動は長期的な株式リターンと正の相関がある、ガバナンスの強い長期投資を行う株主や金融機関がCSR活動を推進する等を示している。つまり、「日本市場の投資家が企業の社会活動に非常に関心をもっており、これらの懸念が市場に反映されている」という仮説が支持された。同様に、有賀＝五島＝千葉（2021）[21]は、2011〜2019年度の東証１部企業のCO_2排出量に限った分析で、CO_2排出量の少ない企業ほど(1)長期的な企業パフォーマンスが良好となること、(2)株主資本コストが低くなること、を示した。

加藤＝内藤（2022）[22]は、「企業の生み出す社会的リターンは長期的に経済的リターンにつながるのか？」という問いに対して、「温室効果ガス排出量の削減」や「管理職・女性比率の増加」などの単一の取組みだけでは、経済的リターンを減ずる場合があると指摘し、「複数の取組みにより経済的リターンが大きく向上する」という条件を提示している。

19　Fernando；Chitru S., Mark P. Sharfman and Vahap B. Uysal, "Corporate Environmental Policy and Shareholder Value：Following the Smart Money", The Journal of Financial and Quantitative Analysis, Vol. 52, No. 5（October 2017）：2023-2051

20　Shirasu；Yoko, Hidetaka Kawakita, "Long-term financial performance of corporate social responsibility," Global Finance Journal, Vol 50（November 2021）

21　有賀涼＝五島圭一＝千葉貴司「CO_2排出量と企業パフォーマンス：Double Machine Learningを用いた日本の実証研究」IMES Discussion Paper Series（日本銀行、2021.12）

22　加藤康之＝内藤誠「社会的リターンは経済的リターンにつながるか？―因果連関モデルによるESG投資の未来シミュレーション分析」証券アナリストジャーナル2022年２月号

2.2　負債——債務コスト低減、倒産確率低下

一方で、負債に関する実証分析も、株式同様にさまざまな条件下で異なる結果を示している。Attig et al.（2013）[23]は、信用格付に注目し、信用格付機関は、社会的パフォーマンスの優れた企業に比較的高い格付を与える傾向があるとした。企業の社会的責任（CSR）の個々の要素（コミュニティとの関係、多様性、従業員との関係、環境パフォーマンス、製品の特性）が、企業の信用力を説明するうえで重要であり、CSRパフォーマンスは、より高い信用格付による資金調達コストの削減につながるとしている。

Oikonomou et al.（2014）[24]も、社会的パフォーマンスが、社債の価格設定にも信用度の評価にも影響を与えるとし、良好なパフォーマンスはスプレッドを低下させる、社会的パフォーマンスと債券格付の関係も同様であるとの結論を示した。Crifo et al.（2017）[25]は、2007～2012年について、企業ではなく23のOECD加盟国について分析し、ESG格付が国債スプレッドを大幅に減少させるとAttig et al.（2013）やOikonomou et al.（2014）と類似の結論をソブリン債について示した。Nemoto and Liu（2020）[26]は、良好なESGパフォーマンスは、ソブリンCDSスプレッドの縮小につながるとしている。

Capasso et al.（2020）[27]は、企業のデフォルトリスクの市場ベースの尺度として広く使用されている「デフォルトまでの距離」が、企業の炭素排出量および炭素強度と負の相関にあることを示した。つまり、二酸化炭素排出量の多い企業は、デフォルトする可能性が高いと市場に認識されている。二酸

23　Attig；Najah, Sadok El Ghoul, Omrane Guedhami and Jungwon Suh, "Corporate Social Responsibility and Credit Ratings," Journal of Business Ethics, Vol. 117, Issue 4（2013）：679-694

24　Oikonomou；Ioannis, Chris Brooks, and Stephen Pavelin, "The Effects of Corporate Social Performance on the Cost of Corporate Debt and Credit Ratings," The Financial Review, February 2014

25　Crifo, Patricia & Diaye, Marc-Arthur & Oueghlissi, Rim, "The effect of countries' ESG ratings on their sovereign borrowing costs," The Quarterly Review of Economics and Finance, Elsevier, Vol. 66(C),（2017）：13-20

26　Nemoto；Naoko, and Lian Liu, "How Will Environmental, Social, and Governance Factors Affect the Sovereign Borrowing Cost?," ENVIRONMENTAL, SOCIAL, AND GOVERNANCE INVESTMENT - Opportunities and Risks for Asia -, Edited by Naoko Nemoto and Peter J. Morgan, ASIAN DEVELOPMENT BANK INSTITUTE, 2020

27　Capasso；Giusy, Gianfranco Gianfrate, Marco Spinelli, "Climate change and credit risk," Journal of Cleaner Production, Vol. 266（September 1, 2020）

化炭素排出量は、より厳格な気候政策を実施するという政策立案者が与える
パリ協定などのショック後に、デフォルトまでの距離を縮めてしまう。全体
として、これらの結果は、気候リスクへのエクスポージャーが、企業が発行
するローンおよび債券の信用力に影響を与えることを示している。

　また、Höck et al.（2020）[28]は、環境の持続可能性が欧州企業の信用リスク
の価格設定に与える影響を調査し、より持続可能な企業は、信用力が高い場
合、信用リスクプレミアムが低いことを証明したが、悪い会社では環境スコ
アと信用リスクに関係がないことも見出し、条件による価値との関連を示唆
した。また、インフラストラクチャー債に限った分析で、Kiose and Keen
（2017）[29]は、インフラストラクチャー債の信用度が環境および社会的リスク
（ESR）要因に関連していることを示している。

　一方、Goss and Roberts（2011）[30]は、米国企業への3,996の融資のサンプ
ルを使用すると、社会的責任に懸念のある企業は、より責任のある企業より
も7～18ベーシス・ポイント多く支払っていることを発見している。貸し手
は、担保等がない場合、CSRの懸念に対してより敏感になる。自由裁量の
CSRに支出する質の低い借り手は、より高いローンスプレッドとより短い満
期に直面するが、貸し手は、質の高い借り手によるCSR投資については無関
心であり、企業行動の状態に依存して結果が異なる。

　また、地方債と気候変動を調べたPainter（2020）[31]は、気候変動の影響を
受ける可能性が高い群は、気候変動の影響を受ける可能性が低い群に比べ
て、長期地方債を発行するための引受手数料と初期利回りが高くなるが、気
候変動が原因ではなさそうだとした。なぜなら、短期債を比較するとこの差
はなくなり、長期債にしか現れないからだ。償還期限に影響されるとすれ

28　Höck；André , Christian Klein, Alexander Landau, & Bernhard Zwergel, "The effect of environmental sustainability on credit risk," Journal of Asset Management Vol. 21（2020）：85-93
29　Kiose；Daniil, and Steve Keen, "Understanding the Relationships between Environmental and Social Risk Factors and Financial Performance of Global Infrastructure Projects," iBusiness, Vol.9, No.4（December 6, 2017）
30　Goss；Allen, and Gordon S. Roberts, "The impact of corporate social responsibility on the cost of bank loans," Journal of Banking & Finance, Vol. 35, Issue 7（July 2011）：1794-1810
31　Marcus Painter, "An inconvenient cost：The effects of climate change on municipal bonds," Journal of Financial Economics, Vol. 135, Issue 2（February 2020）：468-482

ば、気候リスク郡の発行コストが高いのは、信用格付が低いことが原因とみるべきだとしている。

さて、最近注目されているグリーン債券について、Zerbib（2019）[32]は、2013年7月〜2017年12月までのグリーン債券と比較対象の従来型債券の利回り差を推定し、グリーン債券の利回りのほうが低いことを見出している。プレミアムは、サンプル全体でもユーロと米ドルの債券を分けても−2ベーシスポイント程度であった。これは、投資家の環境保護志向が債券価格に及ぼす影響は小さいことを意味する。Ehlers and Packer（2017）[33]は、債券発行の「グリーン」についてさまざまな認証メカニズムが進化し、評価の精度と継続性が向上していることが重要な背景となり、グリーン債券は発行時に従来の債券に比べてプレミアムがつくが、流通市場でのパフォーマンスは長期にわたってはそれほど差がないと報告している。総じて、グリーン債券が「グリーンであること」が重視されているのは発行時で、流通市場に出てくる場合は仮にあってもわずかなプレミアムに過ぎないようだ。

一方で、ファテミ＝白須（2021）[34]は、グリーンウォッシング（greenwashing）に関する先行研究を整理した結果、エージェンシー理論の枠組みでグリーンウォッシングの要因を議論し、企業価値への影響を検討する。また、第三者によるCSR／ESG格付は、グリーンウォッシングのリスクに対して有効ではなく、グリーンウォッシングがもたらす脅威は、強力な規制を中心とした強固なチェック・アンド・バランスのシステムによってのみ緩和されると結論している。

2.3　企業のリスクとサステナビリティの関係

Orlitzky and Benjamin（2001）[35]では、企業の社会的パフォーマンス

32　Zerbib；Olivier David, "The effect of pro-environmental preferences on bond prices:Evidence from green bonds", Journal of Banking & Finance, Vol. 98（January 2019）：39-60

33　Ehlers；Torsten and Frank Packer, "Green bond finance and certification", BIS Quarterly Review, September 2017

34　アリ・ファテミ＝白須洋子「グリーンウォッシング：原因と結果」［再考、ESG投資―統治要素以外の社会・環境の要素から―シリーズ第2回］証券アナリストジャーナル2021年9月号

35　Orlitzky；Marc, and John D. Benjamin, "Corporate Social Performance and Firm Risk：A Meta-Analytic Review", Business & Society, December 2001

（CSP）が高いほど財務リスクが低くなるという結果を得た。CSPがポジティブ（良い方向）であるケースでリスクが低下するのであれば、逆に脆弱な業界の企業はそれ自体でリスク増大が懸念される。Jo and Na（2012）[36]は、1991〜2010年の期間に、米国のアルコール、タバコ、ギャンブルなど「論争の的となっている業界」の企業の広範なサンプルを分析すると、CSRへの関与によるリスク削減の効果が経済的および統計的に有意であることを発見した。Chen and Gao（2012）[37]は、米国の上場電力会社の二酸化炭素排出率を使用して、気候リスクが資本のインプライドコストと負債コストに正の関連があることを見出した。

　Balvers et al.（2017）[38]は、温度ショックがシステマティックなリスク要因であるとするAPTモデル（裁定価格理論、arbitrage pricing theory）で市場をモデル化し、温度ショックのリスクプレミアムは大幅にマイナスであるとした。気温の変化に関する不確実性に起因する資本コストの加重平均増加分は0.22％であり、資産の7.92％の現在価値の損失を意味するとしている。多くの株式や負債が、気候変動ショックを「リスクエクスポージャー」として抱えていることを示したことには意味がありそうだ。

　Ortiz-de-Mandojana et al.（2016）[39]は、事業の存続可能性に社会的および環境的慣行（SEPs：the social and the environmental practices）が関連するかに注目し、SEPsが、企業の財務の変動性が低く、売上高の伸びが高く、より長く存続する可能性に関連していることを示した。これは、適応の失敗を感知して修正し対処する企業の能力つまり組織のレジリエンスに貢献していると思われる。

36　Jo；Hoje and Haejung Na, "Does CSR Reduce Firm Risk? Evidence from Controversial Industry Sectors", Journal of Business Ethics, Vol. 110, No. 4 （November 2012）

37　Chen；Linda H. and Lucia Silva Gao, "The Pricing of Climate Risk," Journal of Financial and Economic Practice, Vol. 12, No. 2 （Spring 2012）：115-131

38　Balvers；Ronald, Ding Du and Xiaobing Zhao, "Temperature shocks and the cost of equity capital：Implications for climate change perceptions," Journal of Banking & Finance, Vol. 77, Issue C （2017）：18-34

39　Ortiz-de-Mandojana；Natalia and Pratima Bansal, "The long-term benefits of organizational resilience through sustainable business practices," Strategic Management Journal, Vol. 37, Issue 8, （2016）：1615-1631

2.4 マクロ経済、制度等のサステナビリティ度

国による違い、たとえばサステナビリティを強化する制度やSDGsへの努力などが、企業や経済の状態に影響を与える可能性がある。Ito（2022）[40]は、マクロレベルのSDGインデックススコアおよびSDG3（すべての人に健康と福祉）およびSDG13（気候変動対策）のスコアを向上させることを追求するSDGs関連の活動への貢献が、市場リスクプレミアムの削減を通じて企業価値を高める可能性があるとした。ただし、SDG9（産業の革新とインフラストラクチャー）スコアは市場リスクプレミアムと正の相関があるが、SDG15（陸の豊かさ）とSDG16（平和、正義、強力な制度）のスコアは市場リスクプレミアムと相関していないなど、すべてが同じように機能しているわけではないとしており、政策の力の入れ方へのインプリケーションの重要性を測ることができそうだ。

El Ghoul et al.（2017）[41]は、2003〜2010年にわたる53カ国2,445企業のサンプルを使用し、「市場制度が弱い国」ではCSRが企業価値とより強く正の関係にあるとしている。また、CSRは、株式市場と信用市場が弱い国では資金調達へのアクセスを改善し、ビジネスの自由度がより制限されている国では投資を増やし、債務不履行リスクを低下させ、法的機関が脆弱な国では貿易信用期間を長くし、将来の売上高の伸びを大きくするとの結果を得ている。

Kling et al.（2018）[42]は、気候脆弱性へのエクスポージャーが高い国では、平均して1.174%高い債務コストであった。また、教育やインフラストラクチャーを含む「社会的準備の尺度」が債券利回りにマイナスの重大な影響を与えるとしている。社会的・物理的な投資が気候リスク関連の債務コストを軽減し、脆弱な国の債務コストを安定させるのに役立つといえる。Huang et al.（2018）[43]は、異常気象による損失の程度を国レベルでとらえた指数を

40　Ito；Haruyoshi, "On the Correlation between Market Risk Premiums and SDGs Implications to Corporate Value," リアルオプションと戦略12巻1号（2022）

41　El Ghoul；S., Guedhami, O., & Kim, Y. "Country-Level Institutions, Firm Value, and the Role of Corporate Social Responsibility Initiatives". Journal of International Business Studies, Vol. 48, No. 3（2017）：360-385

42　Kling；Gerhard, Yuen C Lo, Victor Murinde, Ulrich Volz, "Climate Vulnerability and the Cost of Debt", SSRN, Posted：June 27, 2018

使用し、大規模な暴風雨、洪水、熱波などによる損失の可能性は、収益とキャッシュフローの低下と変動に関連していることを見出した。影響を緩和するため、より厳しい天候を特徴とする国の企業は、気候の脅威に対する組織の回復力を高めるために、より多くの現金を保有する可能性が高いという。また、短期より長期債務が多く、現金配当が少ない傾向にあるとしている。

　気候などのリスクは、企業経営の範囲内には収まらず、教育等を含む国の政策が適切か、その経済の発展の程度がどうなっているのか、などに影響される。それゆえ、企業は所属する国や地域での活動において脆弱な部分に優先投資をすることを考慮できることになりそうだ。

2.5　開示の意味づけ

　これまでの資本コスト等にかかわる実証分析では、ESGに関わるスコアや炭素排出量などが資本コストやパフォーマンスに与える影響等をみてきた。そこでも単なる開示情報だけではなく、所属産業やマテリアリティに対する脆弱さなども考慮しなければ、適切な関係性を見出せないことがわかっている。『サステナブルファイナンス原論』は、適応的期待仮説に基づく開示の重要性を説いている。一方で、小野塚＝貝沼（2021）[44]は、企業による長期的株主価値増大のための、ステークホルダーマネジメントのツールの1つとして統合報告書を位置づけ、ESGの観点に絞った内容とステークホルダーごとの「固有周期」（ここでは、投資ホライズン、人材開発、事業や製品、環境対策などに特有の期間・時間感覚をいう）とステークホルダー間のバランスを意識することを、開示にとどまらず企業経営のあり方として提言している。固有周期を具体的に「年」「月」などで示すことが求められているのではなく、それを意識して統合報告書などの内容をつくっていくことを提案している。そもそも情報開示は、経営の意思につながっている必要がある。詳細は

---

[43]　Huang; Henry He , Joseph Kerstein and Chong Wang, "The Impact of Climate Risk on Firm Performance and Financing Choices: An International Comparison," Journal of International Business Studies, 2018, 49（5）, 633-656

[44]　小野塚恵美＝貝沼直之「ESG開示からみる統合報告書のあり方」証券アナリストジャーナル2021年11月号

本書4.5.2を参照のこと。

　環境や社会課題に関する情報開示が企業価値や資本コストに影響を与える
かに注目する研究は多い。まず、Plumlee et al. (2015) [45]は、「自発的な環境
開示」の質が、キャッシュフローと資本コストの両方を通じて企業価値と関
連しているとしている。ただし、単なる開示データではなく、開示の質を考
慮して企業価値との関係を考えなければ適切な結果が出ないとの警告を発し
ている。

　Gerged et al. (2020) [46]は、2011～2016年までの英国のFTSE 350企業につ
いて、温室効果ガス（GHG）開示（GHGD）と自己資本コスト（COC）の関
係を調べ、GHGDとCOCの間の非線形の関連性（U字型であること）がわ
かった。つまり、高レベルのGHGDが、特定のレベルまではCOCと負の関
連があり、GHGDの増加はCOCを増加させることになる。また、より高い
GHGリスクに関連する企業はよりよい開示者になる傾向があることも見出
している。そうなると、企業の利益と社会全体の利益を一致させるために、
企業の環境リスクを反映し、より低いCOCにつながるような方法でGHG開
示規則を設計する必要がある、との見解を提示している。

　開示の価値を測る興味深い例として、Albarrak et al. (2019) [47]は、企業が
Twitterで炭素情報を広く広めることで、企業の自己資本コスト（COE）に
影響を与えることを見出している。2009～2015年の間に米国のNASDAQに
上場している584の非金融企業について、炭素情報が増えるとCOEが低下す
る傾向がわかったとしている。

　伊藤（2021）[48]は、先行研究にも触れながら、企業が真の意味でサステナ

45　Plumlee；Marlene, Darrell Brown, Rachel M.Hayes, R. Scott Marshall, "Voluntary environmental dis-
　　closure quality and firm value：Further evidence", Journal of Accounting and Public Policy, Vol. 34, Is-
　　sue 4 （July–August 2015）：336-361

46　Gerged；Ali, Lane Matthews, and Mohamed Elheddad, "Mandatory Disclosure, Greenhouse Gas
　　Emissions and the Cost of Equity Capital：UK Evidence of a U-shaped Relationship", Business Strate-
　　gy and the Environment, October 2020

47　Albarrak；Mohammed S., Marwa Elnahass, and Aly Salama, "The effect of carbon dissemination on
　　cost of equity", Business Strategy and the Environment, March 2019

48　伊藤晴祥「サステナブルファイナンス時代の情報開示と企業価値—企業価値向上をもたらす情
　　報開示とは—」証券アナリストジャーナル2021年2月号

170

ビリティを追求し、そのことをKPIなどを設定して客観的に示し、サステナビリティと企業価値との関連性を明らかにする情報開示を行うことが企業価値を高めるとの結論を得ている。湯山＝白須＝森平（2019）[49]の実証分析では、ESG情報開示に積極的な企業への投資をESG投資ととらえ、その投資パフォーマンスを分析し、東証１部上場企業において、ESG情報開示と株式リターンとの関係は、必ずしも有意にポジティブともいえないが、マイナスともいえないとしている。

---

[49]　湯山智教＝白須洋子＝森平爽一郎「ESG開示スコアとパフォーマンス」証券アナリストジャーナル2019年10月号

Chapter 5

サステナブル経営と
サステナブルファイナンスの
実質化に向けて

『サステナブルファイナンス原論』は、「技術（測定・情報技術・データ管理）および科学（ライフサイクル分析・社会的ライフサイクル分析・環境的に拡張された入出力分析・環境経済学）のイノベーションは、社会的・環境的インパクトの貨幣的価値化を可能にする」というTrue Price（2014）[1]を引用したうえで、金融機関が、経済的・社会的・環境的価値を合計する「統合価値」を評価する姿を描きます。サステナブルな社会では、科学・技術・金融の統合が必要不可欠と考えられます。私が東京理科大学大学院のMOT（技術経営）修士課程で考えたことは、科学と金融という世界をもっと近づけたほうがイノベーションとその社会実装が起こりやすいということです。サステナブルな文脈でわれわれがやるべきお金の融通（すなわち金融）があり、アカデミアも含めた研究現場との連携と資金循環を後押しする意義は高いと感じました。それをかたちにするために2022年に「科学と金融による未来創造イニシアティブ（Future Design Initiative by Science and Finance）」（FDSF）という社団法人を立ち上げました。

5.1 | サステナブルファイナンスの現状と不変的意義

　本書Chapter 2で、サステナブルファイナンスの現状を述べ、2.5では、「……グリーンファイナンスと呼ばれる市場の規模は、グリーンボンドの市場であればここ9～10年ぐらいで250倍ほどに成長しており、グリーン融資・ローンは約200倍の規模となった。また、関連する開示規制がさまざまに出てきているなかで、国際統一された基準を作成するISSBが設立され、そこで基準策定が始まるなどの動きがある。近年スタートした、サステナブル投資（株式）からサステナブルファイナンスへの流れが今後加速することは間違いないだろう」と述べた。加えて、2022年第3四半期時点でグリーンボンドを含むラベルボンドは発行残高の16％[2]、2023年1月の統計では、世界に83もの気候テックユニコーンがあるといわれ、その市場価値の総額は1,800億米ドルともいわれる[3]。一方で課題も存在する。たとえば、欧州では2035年にガソリンなどで走るエンジン車の新車登録を認めないとしてきたことを2023年3月に撤回し、再生可能エネルギー由来の水素と二酸化炭素からつくられる合成燃料（e -Fuel）を使うエンジン車は2035年以降も登録可能と方針を変更した。ドイツを中心とした産業界からの反発が主な理由である。米国では、2023年3月に企業年金基金の運用でESGを考慮した投資判断を禁じる決議案についていったん上院・下院で可決するも、バイデン大統領は拒否権を就任以来初めて発動した。これはパリ協定復帰、インフレ抑制法（IRA）に盛り込まれたグリーンエネルギー推進に向けた巨額のインセンティブによる投資の加速をもたらし、エネルギートランジションに向け前政権から大きな転換を図ったことと同様に、サステナブルな社会への貢献としてバイデン政権の功績とされる。しかし、その後フロリダ州では政府や年金

1　True Price, "The Business Case for True Pricing," December, 2014

2　Mark Segal "Sustainable Bonds Hit Record Share of Global Bond Issuance:Moody's," ESG Today November 7, 2022

3　UnicornはUSD1billion以上の市場価値のある未上場企業。HoloniQ Global Tech Unicorns, 2 January 2023, https://www.holoniq.com/climatetech-unicorns

基金の投資の活動を制限する反ESG法が成立した。他の保守系の州でも同様の法案の検討が進んでいる。このようなESGの政治化の動きは、米国内でのサステナブルファイナンスの加速化に水を差す可能性もある。

　世界的な状況をみても、地球と社会のサステナビリティを後押しするための金融は、金融のなかだけで循環するマネーゲームではなく、実質的に経済を牽引し、社会をアップデートするインフラそのものとして機能していくと考える。また、ESGのような視点を企業経営に取り込み、そこを接続点として資金提供者とつながり、財務活動に結びつけることの意義は不変である。そこで本Chapterでは、現状の認識と改善点、今後に向けた提言を自身の取組みとともに紹介する。

5.2 民間セクターでの実質化への取組み

5.2.1 サステナブルファイナンスと科学・技術

　筆者は2020年4月から東京理科大学大学院経営学研究科技術経営（MOT）修士課程で学んだ。投資家として投資先企業とエンゲージメントすると、製造業には研究開発、製造、販売というバリューチェーンがあり、各社の差別化には技術力が大きくかかわっていることがわかった。一方で、それがどの程度すごいことなのか、科学的根拠など、素地を持ち合わせていなかったことで容易に深い理解にいたらなかった。この側面へのスキルアップとして考えたのがMOTで、そのカリキュラムは平均年齢が40代半ばの社会人大学院であり、MBAと同様の経営学の知識を習得できることに加えて、理科大ならではの先端科学技術やイノベーションに関連する科目が取りそろえられていた。

　MOT1年次の終わり頃の2020年12月からは金融庁のサステナブルファイナンス有識者会議メンバーとなり、持続可能な社会モデルを推進する新しい金融のあり方の議論を進めていった。そのなかで、理科大での学びと関連し

てある違和感をもった。それは、金融側にあるサステナブルファイナンスを促進するという機運とサイエンスの世界における物事の本質を突き詰めるという行為と研究費、それを社会実装させるための技術開発にかかる資金調達について、決してスムーズな連携が物理的にも思考的にも起こっているとはいえない状況にあるということである。ここでの課題は、エコシステムの未熟さ、起業家の少なさ、資金提供者による目利き力の不足、2つの世界をつなぐ人材育成と活用の機会不足であると認識した。

　そこで、金融側とサイエンス側の有識者数人にこの課題を共有したところ、まずお互いを理解するところから始めようということになった。2021年5月から、「資本市場とアカデミアの意見交換会」という有志の勉強会を企画し、サステナブルファイナンス有識者会議を中心とした金融のエキスパート・大学関係者（研究者や理事）・資本市場関係者が1つの場に会し、先にあげた課題の解決に向けたざっくばらんな勉強会を開始した。オルタナティブ、ベンチャーキャピタルによる投資の考え方や現状などの共有を資本市場側から、最先端なサイエンスの発見と社会実装に向けての取組みや大学の改革などをアカデミア側から、共通テーマとして人材の育成などについて、全体として10回ほど繰り返した。回を重ねていくごとに、科学と金融の間には大きなギャップあり、このようなディスカッションをより広く、さまざまなステークホルダーを巻き込んで行うべきではないか、それが2つの世界を近づける一助となり、果てはサステナブルファイナンスを活用した資金循環による社会のアップデートに向けた技術の発展、日本から世界に向けた価値の提供になるのではないかとの結論となった。

5.2.2 「科学と金融による未来創造イニシアティブ」（FDSF）の設立

　そこで勉強会を法人化し、より透明性の高い活動へと発展させたのが「科学と金融による未来創造イニシアティブ」（FDSF）である。設立の趣旨としては、サステナブルファイナンスを活用しながらさまざまな関係者とともに経済的価値、社会的価値の創出にシームレスに取り組み、社会のアップデー

トに貢献するための場づくり、人づくり、未来への投資をキーワードに活動するというものである。賛同者たちが交流する場をつくり、それからリスキリングも含めた人づくり、そして実際に資金を循環していくという意味での未来への投資をテーマにしている。

　最初のカンファレンスを2022年7月に行い、日本を代表するアカデミア、スタートアップ、アセット・オーナー（年金基金や生命保険会社等）とアセット・マネージャー、ベンチャーキャピタル（VC）、事業会社、政府の方々にご賛同いただいた。各界あわせて約250人が参加したことは、金融機関のセミナーでもなく、スタートアップのピッチコンテストだけでもなく、あるいは伝統的大企業やアカデミアだけの堅苦しいものでもない、これ自体がまったく新しい、いわば新結合となるものであった。「サステナブルな社会に向けたアカデミアのあり方」「サステナブルファイナンスにおける研究開発型スタートアップ投資」「"未来"の紹介：地球課題を解決する研究開発型スタートアップ」「科学と金融の未来創造」と題したパネルディスカッションに加えて、世界トップを目指す研究大学への変革に向けて、科学技術振興機構（JST）からも基調講演をいただいた。スピーカーも、ジェンダー、バックグラウンド、年代の多様な方々がご登壇くださった[4]。

　2023年春の本書執筆段階においては、今年7月にカンファレンスというかたちで場づくりを継続していく予定である。新しい視点としては、グローバルから期待される日本の文脈も含み、「FDSF Global Conference 2023」と題して海外からのスピーカーを招く予定である。また、人づくりの事業に関しても、科学と金融や事業における人を結びつけ、サステナブルな社会へのアップデートに向けた技術やイノベーションの社会実装を後押しする人材を育成することを目的とし、学びの場の紹介や学びたい人の後押しをする仕組みを検討している。サステナブルな社会に向けた課題解決には科学や金融の専門性が必要だが、1人のプロフェッショナルが両方をフルに使いこなすの

4　FDSF「FDSF Conference 2022　登壇者のご案内」https://prtimes.jp/main/html/rd/p/000000002.000101016.html
　　FDSF「FDSF Conference 2022　開催のご報告」https://fdsf.jp/news/conference2022_report

はきわめて困難である。そこで、関係者が一堂に会し、つながる場、理解を深める場の提供とともに、スキルの高度化、流動化（転職、副業等）を推進し、科学やイノベーションの社会実装がより実質的に加速することに貢献していく構想である。

　その際のイメージとしては図表5－1にあるようなHUBで、FDSFはあくまでも非営利団体としてプラットフォームを提供し、関係者が互いに交流、共創していく機会を提供する。団体としての持続可能性を高めるものとして、そのリーチとコラボレーションの規模、国内外におけるネットワーク、

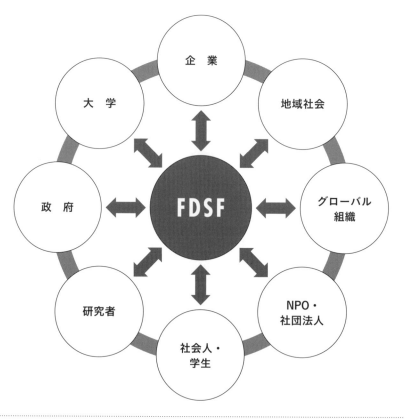

図表5－1 ▶ FDSFのHUBとしての存在
出所：筆者作成

サステナブルファイナンスの最先端と実例を共有する場となることであろう。継続的にハイレベルな専門家と影響力のある団体や個人とのコラボレーションを目指していく。

　FDSFにおける人づくり事案は、金融庁が示すサステナブル人材のスキルマップとも連動し、サステナブルファイナンスを促進するものとして、サステナブルファイナンス有識者会議でも取り上げられた[5]。

5.3 | 公的セクターでの実質化に向けた提言

　金融庁サステナブルファイナンス有識者会議の報告書をまとめる際、そもそも日本という国がどのような方向に向かっていくのかを冒頭に含めるべきではと提案した[6]。サステナブルファイナンスが、その地域の望む方向へと資金の流れを変化させる意識的な行為であれば、その全体像の共有がなければ各論の意味が薄れてしまう危険性があるからだ。地域ごとの価値規範を端的に表現するのは社会学、人類学、経済学などの面から統一見解を見出すのは容易ではないとしても、簡単に思いつく範囲では、米国では自由と幸福の追求があり、欧州では人権と責任がある。それに対して日本はどうか。「和」という価値観は日本らしさの1つだが、それを重視しすぎて変化や革新を起こせないとしたら日本の未来はどうなるのか。

　また同会議で指摘されたことの1つに、サステナブルファイナンスにかかわる重要テーマ（たとえば気候変動対応）などは有識者会議を複数の省庁が主催しているケースがある。同じような有識者が違う場所で少しだけ違う視点での議論をしているという現状について指摘があった。これについてもEUでみられるように、一貫したビジョンのもと全体設計を行ったうえで会議体をつくっていくようなトップダウンの方法が望ましいのではないか。大変な調整と作業が伴うことは重々承知だが、サステナブルファイナンス展開

5　金融庁「サステナブルファイナンス有識者会議　第16回資料」2023年6月6日
6　金融庁「サステナブルファイナンス有識者会議　第12回議事録」2022年6月10日

におけるグランドプランは後々の効果検証の際にも有益であろう。

　ここで、EUのHLEGがどうやってできたのか、縦割り行政への対策がどのように行われたかに触れておきたい。結論を簡単にいえば、EU加盟国全域に対して公募をし、「有識者」の会議を組成したのである。

　欧州委員会は2016年10月に「持続可能な金融についてのハイレベル専門家グループ（HLEG）」を設置[7]した。HLEGは、2017年7月に中間報告書を発表、2018年1月30日に、EUにおけるサステナブルファイナンスの現状と欧州委員会に対する提言を含む最終報告書「Sustainable Finance Interim Final Report」を発表している。内容の詳細や評価は多くの報告があるのでここでは割愛し、「有識者はいかに選ばれたのか」に注目する。

　まずEUは、2016年10月のプレスリリース[8]で、有識者会議（専門家グループ）の設立（HLEG）を宣言し、「HLEGは、市民団体、実業界、その他の非公共部門機関等からなる最大20人の上級専門家で構成される。関心のある個人は、2016年11月25日までに応募すること。グループのメンバーの選考は12月に行われ、HLEGは2017年1月に作業を開始する」（筆者訳、本節以下同）とした。

　募集要項[9]によると、「グループは最大20人のメンバーで構成され、a)市民社会を代表し、持続可能な金融市場の枠組みの形成に関する公共および政策の議論に貢献するうえで主導的な役割を果たしているNGO、b)保険会社、年金基金、資産管理銀行、証券取引所、その他市場および持続可能な金融またはグリーンファイナンスへの投資の仲介、または持続可能な開発に関連するリスク管理に積極的なその他金融機関、c)持続可能な金融またはグリーン金融を促進する分析、データ、または方法論を提供する機関／組織、メンバーは、個々の利害関係者を代表するものではなく、さまざまな利害関

7　High-Level Expert Group on sustainable finance（HLEG）, https://finance.ec.europa.eu/publications/high-level-expert-group-sustainable-finance-hleg_en

8　European Commission establishes an expert group to develop a comprehensive European strategy on sustainable finance, Brussels, October 28, 2016, https://finance.ec.europa.eu/system/files/2017-04/161028-press-release_en.pdf

9　Call for applications for the selection of members of the high-level expert group on sustainable finance, https://finance.ec.europa.eu/system/files/2017-04/161028-call-for-applications_en.pdf

係者組織に共通する政策の方向性を代表するものとする」としている。

　より具体的に、候補者個人に関する基準として、「プロジェクト、活動、および明確な、持続可能な金融の側面をもつ組織での上級職での実績のある専門的経験、持続可能性／環境問題と金融システムとの間の関連性に関する政策論争や論評に貢献してきたたしかな実績、金融システムとEUの金融規制の枠組み、および持続可能性／環境要因が金融システムと規制の枠組みとどのように相互作用するかについての明らかな専門知識と理解、予定される期間（最大16カ月）にわたりHLEGの作業に関与し、専門家グループの作業を提示／伝達する意欲と能力」が必要とも明示される。

　そして、2016年12月のプレスリリース[10]で、「欧州委員会は、市民団体、ビジネスおよび金融コミュニティ、その他の非公共部門機関から103通の基準に合致した応募を受け取った。委員会は、個人的な専門知識、持続可能な金融に関連する仕事への貢献、およびこの分野での所属の卓越性に基づいて、20人の優秀な候補者を選出した。委員会は、グループのメンバーの地理的および性別のバランスを確保するための措置を講じた」とした。

　103名の候補者から20名を選択したとなれば、かたちだけの公募ではないはずだ。最初から根回しで決まっていることが後でわかってしまうと、外交などを含めた大問題になるだろうからだ。関係者が近しい有識者に応募を促すことはあっても、決定プロセスには参加しないだろう。「地理的および性別のバランスを確保する」などからEU側の恣意性が残るがこれは必要な配慮だと考える。

　メンバーの実名や所属は同じプレスリリースに示されている。アセット・マネージャーから3名、保険業から2名、NPO・市民団体から6名、取引所・年金・銀行から4名、その他は学者、格付、データ会社など5名となっている。20名のうち7名がCEOの肩書きをもつ。

　HLEGから参考にすべき点は、公募でありEU側の先入観の外からの応募がありうること、CEOなどハイレベルの意思決定者を多く含んでおり、す

10　European Commission appoints members of the High-Level Expert Group on sustainable finance, December 22, 2016, https://ec.europa.eu/commission/presscorner/detail/en/IP_16_4502

ぐに行動を起こせること、である。日本でこのような公募を行う場合、そもそも対象となる人材が乏しく、不適格な候補を多く選別プロセスに抱え込むのではないか、バラバラな意見をもつ人が議論をして取りまとめに苦労するのではないか、議事進行に高い技術が必要になり現実的か、事務局の作業が大変ではないかといった懸念がありそうだ。しかし、メリットとしては、なんとなくみえている事務局の求める議論と結論に対する異なる意見や業界団体との利害の調整をする場にはならないだろう。また、口コミでの有識者探しと異なり、リモート時代に地方の優秀な人材の参加を促しやすくなる。特に、すぐに行動できる意思決定者の参加を促すことは重要で、地方を含む幅広い金融機関や企業の経営者層を議論に呼び込める方法として、日本政府も検討に値する。

5.4 実質化を実現するための企業人・個人への期待

5.4.1 社会人向けの教育の意義

近年、リカレント教育、リスキリングが叫ばれているが、筆者も昨年まで大学院で学んだ者としてこの考え方に賛成である。他方企業が人的資本経営のために社内で促進するものと、役職員自身のサステナビリティを高めるための自主的な活動としては異なる部分がある。

企業がビジネスモデルのアップデートをするために、現在の役職員のデジタルスキルをより高める、グローバルに活躍できるようにリスキリングすることは、まず企業の「目指すもの」ありきであり、これには経営資本がかかるだけでなく、時間もかかることを認識する必要がある。その際、「人材版伊藤レポート2.0」[11]で指摘された図表5－2のような視点は経営者にとっても、資本提供者の確認ポイントとしても有益である。

---

11 経済産業省「人的資本経営の実現に向けた検討会報告書〜人材版伊藤レポート2.0〜」2022年5月

1. 経営戦略であり人事課題ではない	2. ストレッチアサインメント	3. データの収集と分析
経営課題は何か、事業部門が人材確保を主導	関心早期から、広く対象とする	科学的に分析する仕組みと思考

4. 企業文化(Corporate Culture)	5. 多様性	6. 柔軟な働き方
社員の行動規範、Culture runs from the top、自社の優位性	経営者自身、成功へのサポート	社内起業／副業、リモートワークと評価

図表5-2 ▶「人材版伊藤レポート2.0」で取り上げられた個別項目
出所：「人材版伊藤レポート2.0」を参考に筆者作成（下線は筆者による）

　社内人材のアップグレードにおける注意点は、資本市場からの期待をふまえると世界の人材プールから手っ取り早く新たな事業領域や経営方針に合致した人材を獲得する戦略と実効性、その裏側ではオブソリートになった人材を労働市場に流出させる意思と執行能力が問われる。よって「1．経営戦略であり人事課題ではない」にあるように人材戦略はあくまでも経営戦略の一部であることを確認しておきたい。

　「2．ストレッチアサインメント」とは、現在の実力では達成しないレベルでの課題や役割を与えることである。これについてもレポートのなかで、「海外企業のストレッチアサインメントは、（中略）アサインメントのミッションが明確」、経営人材の「候補者が健全な緊張感をもって自身の成長に向けてアサインメントに取り組む環境を整える」とある。筆者のJPモルガン、ゴールドマン・サックス・アセット・マネジメントでの20年以上の経験は、このストレッチアサインメントの連続であり、それによって当初できないと思っていたこともやり遂げられるという自信がつき、その過程で常に新たな学びがあった。この点で付け加えるとすれば、幹部候補となる前から、

ジュニアレベル（早期）に対象者を広げ経験させる意義は高い。JPモルガンの1年目の後半に、直属の上司から海外チームとのやりとりを任され、小さなことでつまずくこともあったが、報連相を欠かさず、梯子を外さないでいてくれた上司とともにプロジェクトの成功を収めることができたことは、いまだにポジティブな記憶として残る。

　レポートでは、人事情報基盤における「3．データの収集と分析」の重要性が指摘されている。「関連子会社、海外拠点も含めた全社員のデータを収集することが理想的」で、「事業部門や、社員個人にも、適切な範囲で共有すること」としている。人的資本のマネジメントには、アート（直属の上司の人間性など）が大きく影響するものの、筆者がみてきた世界では、それをいかにサイエンスとしてアプローチするかという、まさに経営を科学的に解明し再現性を高める努力を組織的に行っていた。それによって、グローバルでの基準がローカルの職場文化的側面から不公平だと感じたこともあったが、それは地域の人事部門や部門幹部がグローバルチームと対話する機会があり、そのメカニズムによってグローバルとローカルのバランスが整っていたと感じる。

　「4．企業文化」に関して、レポートでは、「自社の競争優位を支えている社員の行動や思考の傾向を企業文化として明らかにし、それを維持しつつも、新たな人材戦略の下でさらに進化させていくように努めること」としている。加えて筆者としては、図表1-14「取締役会における企業文化の監督」でも述べたように、コーポレートカルチャーは会社の雰囲気ではなく行動規範であり、それは経営の最高意思決定機関である取締役会が大枠を決める、いわゆるCulture runs from the topとしたい。たとえばインクルーシブで、失敗をおそれない文化を掲げる企業であれば、それは、取締役のダイバーシティ、経営者の果敢な挑戦が取締役会から感じ取れてこそ、信ぴょう性の高いものとなることを忘れてはいけない。

　「5．多様性」についても、米国SECによる法的開示の要請、ISSBでは気候変動対応の次に取り上げられる可能性の高い開示トピックであり、国内でも有価証券報告書にはサステナビリティ開示が整備された。開示の前の取組

み自体となれば、「多様な知・経験を持つ人材を獲得するだけでなく、既に社内にいる社員の多様な能力が発揮されるような環境整備を行う」「多様性の確保に向けた人材育成方針・社内環境整備方針」と実施への関心が高い。経営者層の多様性とさまざまな人が成功するためのサポートについてもあわせて検討、手当をしてほしい。筆者の経験から、成功するケースは、野心的な目標を設定するのはもちろんのこと、その達成に向けて経営側、従業員側の双方が邁進できるインセンティブと責任の所在の明確化、仕組みづくりがセットで語られていた。そして進捗を評価する際には、そのメカニズムのどこがうまくいったか、あるいはうまくいかなかったのかについて客観的な振り返りがされていた。こうすることで、一個人の技量やマクロ環境に依存する、すなわち再現可能性の低い分野や一過性の状況によらず、常に改善を続け、目標達成に向けた建設的な経営および従業員の活動となっている。

　最後に「6．柔軟な働き方」については、レポートにあるように、場所・時間などの働きやすさの側面と、副業・兼業のような経験の幅を広げる側面がある。特に前者については、フルタイム勤務で3児を儲け、子育てを20年以上続けてきた立場として、人材確保の観点からは必須であると考える。一方、副業や兼業については、その会社で経験の幅や深さを追求できるのがベストだと思うが、さまざまな才能をもった人材がその企業のために活躍してもらうとすれば、利益相反や散漫にならないように配慮したかたちで実現することが好ましい。経営の範疇を超えるマクロ的な期待としては、労働市場のさらなる流動性向上により、柔軟な働き方（人生のなかでもアクセルを踏む時期、緩める時期を意識的に選択しながら、自分の興味と優位性を生かし長期的な野心に向かって挑戦し続けること）を追求できる社会になることである。これは、個別企業と個人の間にある適度な緊張感を醸成するうえでも有益であると考える。

　これまで述べてきた内容は、本レポートの「日本における本格的な人的資本投資と経営変革の触媒になってほしいと願う」というメッセージに賛同するものである。

5.4.2　100年人生における資産の考え方

　最後に、本書で述べてきたファイナンス、経営、社会のサステナビリティの根底にある個人のウェルビーイング、つまり「豊かな人生基盤」について述べたい。

　100年人生ともいわれる個人の人生を豊かにするための学び直しに関しては、筆者の考え方は図表5－3にあるリンダ・グラットン氏の考え方に依拠する。財務的（有形）資産と非財務的（無形）資産の両方が重要である点、財務資産をつくるためのスキルや知識を獲得することと、それを快活にやり続ける活力資産、変革資産自体も資産設計における重要な考え方である。

　筆者にとってリスキリングという言葉の意味は、「その時代にあわせてス

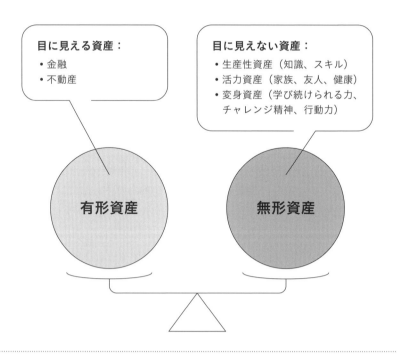

図表5－3 ▶ 100年人生における資産の考え方
出所：リンダ・グラットン＝アンドリュー・スコット著／池村千秋訳『LIFE SHIFT』（東洋経済新報社、2016）を参考に筆者作成

キルをアップデートすること」である。たとえば（筆者の場合）、経営層となるタイミングを迎えるときに、自身のスキルや思考プロセスをアップデートする必要に迫られ、「技術経営修士（MOT）」に挑戦した。これはまさにLife Changing Experienceといっても過言ではない。その後の人生に新たなレンズと自信をもって取り組むきっかけとなった。そして活動の幅を広げ、深めるための人脈を築くこともできた。社内で従業員に向けてリスキリングを実践する経営層こそ、自身のスキルや思考プロセスのアップデートにチャレンジしてほしい。

　加えてグローバルコンテクストの理解が欠かせない。金融の世界では、ガバナンス改革をコーポレートガバナンス・コードなどソフトロー（たとえば上場ルール）で進めてきたが、海外投資家からは、ESGのGが変わっていない、はやりに乗っているだけ、忖度しただけ、空気を読んでいるだけ、との指摘がある。世界に比べて比較的平和でかつ恵まれている日本の現状ともいえる。平和であることはよいことであり、先人の功績の上にいまのわれわれはある。しかし、未来の平和と安定は、いまのわれわれの取組みの先にあるのだ。日本企業への投資でも深くかかわるグローバルの投資家の言葉は、将来の安定に向けて現在の変化が必須だと警鐘を鳴らす。そういった危機感を経営者も国内の投資家ももつことが有益であろう。そのためには、広い世界をみることが重要だ。

　筆者のキャリアをケーススタディととらえてみよう。彼女は、1998年に新卒で外資系金融のJPモルガンに入社した。最初に配属されたのは、マーケットリスクを管理する部署で、マーケット（市場）の動きが現在の持ち高に与える影響を測定、報告するという業務だった。その時に、リスクとは、測れないからこそおそろしいものであって、見える化すれば、その大きさに対して適切な策（たとえばリスクを小さくしたければ持ち高を減らす）を打てばよい、と学んだ。

　その後転職し、ゴールドマン・サックス・アセット・マネジメントで20年以上資産運用に携わり、その後2020年に初めて日本の会社法に基づく株式会社の取締役副社長職に転じた。転職話が舞い込んだ時に、これは大変名誉だ

と感じると同時に、決定的に足りないものがあると認識していた。グローバル金融の荒波に揉まれ、なんとか生き延びようと社内でのキャリア構築に突き進んだなかで、経営者という役職へのベースとなる経営の専門的知識を修得する機会を逸していた。一方、JPモルガンでもゴールドマン・サックス・アセット・マネジメントでもそうだが、グローバル企業の上級役職者は経営のサイエンスをMBAなどを通じて一通り理解し、それを実務に当てはめていた。若い頃にMBA留学を考えたが、家族の状況もあり実現せず、ずっとそのままに40代後半になっていた。しかしこの段階で大学院で経営を学ぶことを決意し、それについて周囲の理解を得た。

　その際、金融業界からは多くが挑戦するMBA（経営管理修士）を目指すことも考えたが、これからさらに求められる知識は、イノベーションや社会課題解決を基点とした発想や技術であると考え、それには技術の社会実装が不可欠であると思い、あえてMOT（技術経営）を専攻することとし、東京理科大学大学院へ進学した。

　同期の学生は、製造業で長らく研究開発、モノづくりの中枢にいたキャリアをもっていた。そこで目指す技術レベルの高さを実感し、日本にはこれまで以上に社会に価値をもたらすことのできる分野や技術とそれに真剣に取り組む経営者予備軍がいることを実感した。

　いま必要とされるリスキリングの分野には、こういった人文科学、自然科学という枠を超えた発想、科学・技術と経営を融合して経営レベルで考えることと、そこへ資金を循環させる金融業界における科学に対するさらなる理解が必要であると考えることができた。持続可能な社会を創造するサステナブルファイナンスに関しても政府を核として議論が進んでいる。直近では金融庁の有識者会議による報告書も公表された。経営層のリスキリング、金融人のリスキリングが進むことを期待している。

　金融教育といっても、よく話題になる資産形成や家計管理などももちろん重要ではあるが、その一歩先にサステナブルファイナンス（社会の持続可能性に金融がどう貢献するのか）を盛り込みたい。最終受益者であり、資金の出し手、そして消費者や企業の役職員となる個人にもサステナブルファイナン

スの担い手であるという意識を醸成できると、社会の変革につながる可能性がある。

　MOTで得たもう1つの学びは、物事の本質に迫るという思考力であった。サイエンス的なアプローチはもちろんのことだが、ここではあえて哲学的な視点を指摘したい。「3.1　哲学的視点を経営とファイナンスの接続点に」でも触れているが、社会課題の解決への答えは1つではないし、最善と思われるアプローチも、選択する論理（ロジック）によってさまざまである。また企業におけるパーパス（存在意義）の策定は、従業員や顧客との関係のなかで関係性を築くベースになる。いわゆるWinning minds and hearts of peopleである。ただそれを浸透させるとしてもこれまでのトップダウン、ロイヤリティに頼った指示命令では成果が得られず、自身の価値観に忠実な世代を巻き込み事業展開を進めていくいまは、対話を通じて企業ごとにテーラーメイドの取組みを進めていくことになる。その際、個社ごとに頭を悩ませる（哲学する）必要が出てくる。

　あらためて、ビジネスの哲学化とは何か。ビジネスをするということは、そもそも哲学的行為である。解のない課題に対して常に問いを立て続けながら、できるだけアンテナと立ち位置を高くし、対話に努め、もやもやしたなかでも継続的な成果を出すことだ。間違った設問に無理に1つの解を出そうとして、日本企業はリソースを無駄にしているのではないか。ビジネスを哲学化するということは、解のない課題に対して、個人の短期的な経験や実践に基づく狭い範囲の世間知を用いるのではなく、一段上に視点を上げて、世界のなかで、歴史のなかで、共同体のなかでの自分自身や経営している会社を存在意義の観点から位置づけ直し、いまやるべきことを見つけようとする努力をすること、それを経営の生活のなかに置いておくこと、としておきたい。こんなふうにずっと考え続けることが哲学することかもしれない。

　今後、アカデミアや教育において、「明るい未来をつくるのは自分だ」ということを思考や教育のベースとするようにリードしてほしい。日本人はリベラルアーツに弱く、何のために学ぶかが抜けており、いつまでも暗記教育から抜け出せていない。アカデミアと実務家の間に入る人を半端者とみて価

値や評価を低くする日本の傾向について批判があった。本来、中途半端とは多面性の裏返しでもある。経営者には、哲学思考で1つ上の立場からみることで、実務界で哲学する人を包摂し、適切に価値評価できるようになってほしい。

　経営者にはタイムリーな判断、スピーディーな執行が求められる一方、じっくり考え抜き、そのための時間をステークホルダーとの対話でつくりだす能力も、いまの時代には期待される。いまこそFestina lente（ゆっくり急げ）というラテン語の格言が参考になる。

Epilogue

私の原体験

1993年、私は米国東海岸にある寮生高校を卒業しました。その年Economicsを履修し、経済学、金融システム、資本主義というものに初めて出会いました。私の原体験となっているのが、マンハッタンにあるクラスメートのお父様のプライベートクラブへの社会科見学でした。そのお父様とはKKR（コールバーグ・クラビス・ロバーツ）創業者のヘンリー・R・クラビス氏。歴史に残るLBO（レバレッジド・バイアウト。1989年にRJRナビスコの買収で用いられた手法で、融資等を活用して少ない手元資金で大きな買収を実施し、その後資産の売却や事業再生を通じて利益を得るというM&Aの手法）をした著名人でした。実際にお会いした印象は、その眼光の鋭さと同時に、私たち高校生の成長を心から願っている慈善的な面を併せ持つ成功者の姿でした。いつか私も金融の世界で成功して、将来世代へ還元できたらと志を高めたことを鮮明に覚えています。

振り返れば、ボーディングスクールには全米のみならず世界から学生が集まり、裕福な家庭のご子息も多くいました。一方で、天才といわれるような才能をもち、奨学金を得てきている学生も一定数いるという、多様性を絵に描いた世界でした。ダイバーシティとインクルージョンを実現するのがいかに困難かを認識すると同時に、思いもよらないアイデアや考え方に触れるという貴重な体験をした４年間の留学生活でした。私は10代後半に早くもアイデンティティクライシスを経験し、そこから自分というものを見つめ直し、いち日本人女性としてプライドをもって人生を果敢に進めていく覚悟を決めました。

その後、私は金融業界で25年、JPモルガン、ゴールドマン・サックス・

アセット・マネジメントの資産運用部門を経て、アクティビストファンドの経営陣、現在は、サステナブルファイナンスの有識者として活動しています。特にここ10年はESGを中心とした投資家のスチュワードシップ責任、インベストメントチェーン（アセット・オーナー、アセット・マネージャーから投資先企業までの資金と説明責任の循環）の高度化に携わり、直近では、企業の社外取締役として、事業会社自身のビジネスモデル変革を後押しする立場となっています。私は、事業会社のサステナビリティ（持続可能性）と環境・社会のサステナビリティは相互依存の関係があると考えます。ここ数年、行動様式の変化を余儀なくされたコロナウイルスとの闘い、ロシアによるウクライナ侵攻、インフレーション等で、「ESGは終わったのでは」というような論調もみられますが、この相互依存の関係を整理し、サステナブル経営とサステナブルファイナンスの接続について考える時期が来ていると感じ、本書を執筆しました。

　企業におけるサステナビリティ、その経営手法をサステナブル経営とするなら、それは経営者による事業環境の変化や方向性の認識と、経営改革の意思と実行、それを助言し執行を監督する取締役会の役割の重要性を含みます。金融業界としては、世界の潮流である地球や社会の持続可能性に関する課題の解決に資金を振り向けることと同時に、国内産業、イノベーション創出への資金循環について、投資を含むファイナンス全体の価値創造を組織内外のステークホルダーとともに実現することに期待が寄せられています。

30年の時を経て

　2023年6月、卒業30周年の同窓会で米コネチカット州にある高校のキャンパスを訪れました。卒業50周年の先輩までもが一堂に会する3日間にわたる一大イベントが行われたのです。会食のほかにもスポーツによる交流会、家族向けアクティビティ、学校の最新動向に関する説明会、新しい施設を活用したアートやサイエンス（イノベーション）の体験会などが開かれました。私は、Center of Diversity, Equity and Inclusionによる学生、職員との意見交換会に参加しました。私の時代にはなかった取組みで、その場にたまたま

居合わせた恩師からは、留学生へのサポートがいかに不十分だったかをいまになって実感し、悔やんでいるという話を聞き、胸が熱くなる思いでした。また、学校としては、ダイバーシティはアイデンティティの1つであるこ

と、授業にダイバーシティを意識した課題を組み込んだり、DEI監査を実施したりしていること、Centerという組織的な位置づけになったことで公式の活動となり、学内でも存在感が増していることが話されました。学生たちはDEI活動のボランティアに参加する動機として、同じような境遇の人とつながり、励まし合うことができること、研修をリードすることによってファシリテーションやコミュニケーションスキルが学べ

2023年6月、米コネチカット州にある高校の卒業30周年の同窓会にて

ることなどをあげ、とても真剣に自分自身のアイデンティティとDEIに向き合っている姿を目の当たりにしました。

　そして参加していたある卒業生から、驚くべき話を聞くことができました。お話をしてくれた卒業生とは、ヘンリー・R・クラビス氏の当時のルームメイトでプエルトリコ出身の方でした。クラビス氏は、当時ではまだ珍しい外国籍の学生に対し、とてもインクルーシブに接してくれたため、不安な寮生活も彼のおかげで乗り切れたと語ってくださったのです。直前に参加したニューヨークで開かれた金融カンファレンスで、奇遇にもクラビス氏が登壇され、30年ぶりに面前で話を聞くことができました。1976年に創業したKKRのコーポレートカルチャーはinclusivenessであり、直近の経営幹部の交代においても、そのカルチャーを受け継ぐことのできる人材だということを長年かけて見極め、コーポレートカルチャーの体現に向けてエッセンスを継承したうえでサクセッションを実行した、と話しているのを聞いたばかりでした。現在、KKRはプライベートエクイティで世界のエネルギー、インフラ、不動産など複数の資産クラスを対象とする世界有数の投資会社として存在し、サステナビリティを重視したインパクトファンドに250億ドルを投資しています（https://www.kkr.com/businesses/global-impact）。ファンド投資を通じて世界の課題を解決することを目指し「We believe ESG issues are business issues and that integrating ESG factors into the investment life cycle helps us make better investments.」としています。KKRのような世界トップクラスの金融機関をみれば、金融とそれを取り巻く地球、社会、事業環境がいかに変化し、それに対応するようにビジネスモデルを変化させ、自社の持続可能性を高めてきたかがわかります。

本書について

　本書執筆の期間である2022年から2023年にかけて、私の人生は急展開したといっても過言ではありません。投資顧問会社の経営陣の一角から独立・創業、一方で東京理科大学大学院経営学研究科技術経営専攻（MOT）の修了とほぼ同時に一般社団法人の立ち上げ・代表理事就任、その後上場企業の社

外取締役就任と、まさにLife Changingとも呼べる出来事を一気に経験しました。また、以前から参画していた金融庁、経済産業省の有識者会議、研究会に加え、内閣府の会議にも参加しました。同時に、いくつかの学会や研究会での発表やディスカッションの機会をいただき、たくさんの知見を得ることができました。それらの多くを、本書に反映させていただきました。

　私が日本の製造業の課題を「サステナブル経営」というキーワードとともに解き明かしたいと思ったきっかけは、愛知県豊橋市に本社を置く武蔵精密工業に出会ったことです。日本の平均的な製造業は、低い利益率に甘んじ、経営面で持続可能性が危ういように見えました。しかし、武蔵精密工業には、EVやCASEといった環境の変化に対応して、事業領域を革新的に変えていく力を感じました。それを確実に実行するために、ガバナンス体制も取締役会の6割以上を独立社外役員とする体制に転換しました。一連の変革を東京理科大学大学院経営学研究科技術経営修士論文としてまとめることで、一般化する機会を得ました（Chapter 1の多くを占めます）。経営がサステナブルであることとは、環境と人に優しいけれども利益をあげられずに縮んでいく経営ではないことは明らかでしょう。そこで、サステナブル経営という言葉を「株主（企業のオーナー）をはじめとするステークホルダーに価値を提供しながら持続可能な社会への貢献を目指す経営」と定義することから始めました。製造業では事業領域の変革に、デジタルトランスフォーメーション（DX）を志向することが有効です。文字どおりトランスフォーメーションで、企業の姿かたちを変えていく「層累的発展」を目指すことが、多くの製造業の行動のヒントになると考えました。日本企業の株価が低く、価値を十分に理解されていない理由は、株主との対話の不足もあるのですが、それ以上に、環境課題対応や社会課題解決から未来を志向し、人工知能など新技術に着目して事業ポートフォリオを見直し、現状維持的経営からサステナブルで成長を志向する経営への変革が不十分なことだと思います。

　そして、サステナブル経営の裏側には資金提供者というアクターが存在することを忘れてはなりません。つまりサステナブルファイナンスについて知っておくことは、サステナブル経営の実践に欠かせないのです。Chapter 2では、金融業が社会のサステナビリティを志向するサステナブルファイナンスという新潮流について、その歴史の記述に、私も参加する金融庁サステナブルファイナンス有識者会議での議論の内容も加えて、投資家によるエンゲージメントや業界横断的活動、グローバル投資家から日本企業への期待までを紐解きました。多くの上場企業で資金提供者についての知識が不足しており、サステナブルな時代における金融の変化を知ることは、企業経営のさらなるパワーになると感じています。

　Chapter 3では、これまでサステナブルな経営と金融（ファイナンス）の重要性をそれぞれ解説する視点はあれど、その接続についてはあまり語られてこなかったことに注目し、本書のサビ部分ともいえる「サステナブル経営とサステナブルファイナンスの接続」を提示しました。哲学的視点、非財務情報開示、対話がその接続点になると考えます。私は、ゴールドマン・サックス・アセット・マネジメントに20年程勤務したうちの約半分の期間においてESG投資に携わり、投資家としての責任について考えました。当時、会社訪問や工場見学を通じて日本の技術や製品開発力に大変感心したことを覚えています。一方、それが経営改革につながっていないことが多く、結果として金融に属するわれわれに本当の価値が伝わってこないのです。変革のためには資金調達が必要ですし、ある時期に投資家にはじっと見守ってもらうことも必要です。それと同時に資金提供者への価値提供について真摯に取り組んでいるという説明（アカウンタビリティ）を果たしながら前に進んでいくことを見せることも期待されます。その後私は、アクティビストファンドの経営に参画し、エンゲージメントを運用成績の向上のために活用することを目の当たりにしました。経営の考え方が変われば、企業は素早く変化できるし、株式投資家を通じて社会に価値をもたらすことができると実感しました。これを「アクティビストファンドとの対話による接続」の節としています。また、「社外取締役を活用した接続」では、昨年より上場企業の社外取締役、さらに自ら経営者へのアドバイザリー事業を展開するなかで、事業会社の価値創造における気づきを共有します。

　多くの場合、経営者は適切な課題意識をもっていらっしゃるのですが、企

業ごとに異なる経営改革の歩みのなかで、ESG、サステナブル経営、サステナブルファイナンスとの接続など、その企業にとって独自の打ち手を考えるのは難題です。サステナブルファイナンスとサステナブル経営の両方を経験したユニークな視点での考察は、経営層、取締役会メンバー、事業・コーポレート部門担当者や資金提供者へのヒントになると考えます。

　そして、Chapter 4 では、企業の価値について、製品やサービスを生み出す先にある社会的なインパクト創出の考え方、価値のコミュニケーションについて考えました。企業価値という言葉がしばしば使われ、株価ではなく、従業員や顧客への価値がある、非財務の価値があるなどといわれるのですが、よく考えてそれぞれの意味づけをしておかなければ、上滑りな概念になってしまいます。一方で、不言実行よりも、経営者が自社の発揮すべき価値を社会、市場などのコンテクストで位置づけ、社内外とコミュニケーションを行うこと自体が、価値発揮の始まりであることを示そうとしました。

　Chapter 5 では、サステナブル経営とサステナブルファイナンスの実質化に向けて、現状を再確認しながら、民間セクターでの取組み、公的セクターへの提言、企業人・個人への期待をまとめました。社会課題の解決には、サイエンスでの発見を社会実装につなげる必要がありますが、金融による科学への歩み寄り、アカデミアにおける資金調達への理解が不足していると感じています。その2つの世界の距離を縮める活動を紹介しました。また、政府におけるGX（グリーントランスフォーメーション）やDX（デジタルトランスフォーメーション）などのサステナブルトランスフォーメーションへの取組みは、ここ数年で世界に先駆けた事例もあるなかで、まだ縦割りで有識者の効率的な活用に課題がある部分もあります。また、企業人・個人には、昨今話題となるリスキリングと100年人生のあり方を参考にしながら、この変革の時に果敢に生き抜く期待のメッセージを書きました。

　持続可能性を考える企業や日本という国家もアイデンティティクライシスともいえる状況を直視し、その存在意義（パーパス）を明確化して、サステナブルファイナンスと経営を後押しする規制、政策、経営、教育を考え抜き、行動に移して、国としてのサステナビリティを追求することを期待しま

す。それなくしては、経済力の低下、産業構造転換の失敗、世界との格差の広がりなどによる残念な日本の未来が待っていることでしょう。私個人としては、なんのためのサステナビリティなのか、事業と金融の視点から今後も研究を続けていきたいと思います。

これから

いま、世界は大きな転換点を迎えています。ここ数年悩まされ、生活様式に大きな影響を与えたコロナ禍を乗り越え、ニューノーマルが本格化します。コロナ禍前の平常に戻るというのではなく、明らかに人類、人間社会としての学びを深めたうえで、新たなフェーズへ突入すると感じています。そのようななか、ESGやサステナビリティも単なる勢いでの前進ではなく、野心的でありながら科学を用いた目標設定と、現実的な経路をたどって着実に進めていくべきであると私は思います。その道のりにおける1つの視点として、サステナブル経営を考える経営層、取締役会のメンバー、企業の実務担当者、政策検討に携わる方々に本書を手にとっていただけましたら幸いです。また、これを機に、サステナブル経営、サステナブルファイナンスにかかわる皆さまとの意見交換の機会を広げていきたいと考えております。当社ホームページ（https://www.eminentgroup.ltd/）にて最新の活動をご覧いただけます。本書の感想などもお聞かせいただけましたら今後の活動の大きな励みになります。これからも私の唯一の目標であるサステナブルな社会構築に向けて、さまざまな立場や活動に邁進し、独自の視点をSNS（Twitter@emionozuka、LinkedIn emionozuka）でも発信し、共有、対話につなげてまいります。ESGの女神を引き続きよろしくお願いいたします。

謝　辞

本書のChapter 1は、その多くの部分を、東京理科大学大学院経営学研究科技術経営修士論文（2022年3月）をベースとしています。指導教授・主査の加藤晃教授をはじめ、若林秀樹教授、宮永雅好教授など、多くの方にご指導・コメントをいただき、まとめあげることができました。ケーススタディ

では、武蔵精密工業の大塚浩史社長、伊作猛CIO、前田大CHO、富松圭介取締役ほか皆さまに多大なるご協力をいただきました。さらに、第15回日本価値創造ERM学会研究発表大会での質疑、同学会の第1回法人懇談会の質疑をおおいに参考にさせていただきました。加藤晃ゼミのメンバーをはじめ、同期学生諸氏からも多くのコメントをいただきました。この場を借りて皆さまへ感謝申し上げます。

Chapter 2については、金融庁のサステナブルファイナンス有識者会議の委員の方々や事務局との会議中のディスカッションのみならず、さまざまな機会での会話が大変有益でした。特に金融庁総合政策局総合政策課長の高田英樹氏のリーダーシップや渋澤健氏、小崎亜依子氏との出会いはその後のイニシアティブにつながるエンパワメントとなりました。この場を借りて御礼申し上げます。

Chapter 3では、東京大学UTCPシンポジウム（2020年10月）のパネルメンバーとの議論で考えをまとめることができました。その機会をつくってくださった吉田幸司氏、梶谷真司先生は私に哲学の目を開かせてくれた恩人です。また、機関投資家の一員であった時代にジャパン・スチュワードシップ・イニシアティブの立ち上げに参画したことが、いまの私の活動の礎になっています。その仲間たち、スチュワードシップ業界の先輩方にも感謝するとともに、一橋大学の円谷昭一教授による協働サーベイ研究の成果も2022年10月に著されました。証券アナリストジャーナルには、村澤竜一氏の『機関投資家のエンゲージメント：協調型コーポレートガバナンスの探究』の書評掲載の機会もいただき、本書の一部となりました。ありがとうございます。

Chapter 4に関しては、証券アナリストジャーナルの共著論文「ESG開示からみる統合報告書のあり方」への共著の機会をくださったマネックスグループの貝沼直之氏をはじめ、ESG推進に携わるメンバー、同グループカタリスト投資顧問の皆さまに感謝を申し上げます。

Chapter 5では新しく立ち上げたFDSF（一般社団法人科学と金融による未来創造イニシアティブ）の仲間たち、課題感と解決に向けて趣旨に賛同をし

てくださるアカデミア、サイエンス、事業会社、金融機関、政府、非営利組織、次世代の皆さまには感謝と同時にこれからの活動をともにすることへの期待もお伝えしたいと思います。

　そして、金融機関における約25年の間、伝統的なファイナンスから先進的なサステナブルファイナンスまでここ数年一気に取組みを変容させ、特にこの1年はキャリアとライフスタイルまで変えてしまった私を応援、愛してくれる家族、ありのままの私を友として理解し鼓舞してくれるメンター、友人の皆さまへ心からの感謝を伝えたいと思います。

　最後になりますが、最も重要な貢献は、一般社団法人金融財政事情研究会出版部で編集者である西田侑加さんから、本書執筆のお声がけをいただき、折に触れて適切な助言と激励をいただいたことです。さらに、感謝すべき方が多すぎてすべてのお名前に触れられないものの、この場を借りて日頃の感謝をお伝えしたいと思います。

2023年6月

小野塚　惠美

サステナブル経営とサステナブル金融の接続

2023年8月4日　第1刷発行

著　者　小野塚　惠　美
発行者　加　藤　一　浩

〒160-8519　東京都新宿区南元町19
発 行 所　一般社団法人 金融財政事情研究会
出 版 部　TEL 03(3355)2251　FAX 03(3357)7416
販売受付　TEL 03(3358)2891　FAX 03(3358)0037
URL https://www.kinzai.jp/

DTP・校正：株式会社友人社／印刷：株式会社日本制作センター

ISBN978-4-322-14348-5